Katharina Seidel
Moderne Gleichnisse

Katharina Seidel

MODERNE GLEICHNISSE

Für Unterricht, Predigt und Gruppenarbeit

Illustrationen von Marianne Bürgi

rex verlag luzern stuttgart

Die Deutsche Bibliothek - CIP-Einheitsaufnahme

Seidel, Katharina:
Moderne Gleichnisse : / für Unterricht, Predigt und Gruppenarbeit /
Katharina Seidel. Ill. von Marianne Bürgi. - Luzern ; Stuttgart :
Rex-Verl., 1994
ISBN 3-7252-0586-8
NE: Bürgi, Marianne [Ill.]

Lektorat: Pierre Stutz, Neuchâtel und Evelyn Schertler Kaufmann, Luzern
Illustrationen, Umschlag und Inhalt: Marianne Bürgi, Oberwil/Büren
Umschlaggestaltung: Joseph Bieri, Luzern
Satz: Marianna Marchello, Littau
Druck: Ebner Ulm
ISBN 3-7252-0586-8

Inhalt

»Ein Wort Zuvor«

Bei der heutigen Wortinflation gehen abstrakte Aussagen schnell unter. Die Verhaltensforschung hat herausgefunden, dass 80% des Gehörten verlorengeht, umgekehrt der Mensch aber fast alles über Bilder lernt.

Eine Bildrede – wie die Parabeln in diesem Buch – haftet länger und intensiver im Gedächtnis. Auch Jesus sprach in Bildern und Gleichnissen, darum fiel selbst einfachen Menschen das Verständnis für seine Botschaft und deren Weitergabe leicht.

Parabeln erfordern eine vorbehaltlose Freude am Mitdenken. Katharina Seidel hat ihre Träume, Erfahrungen und Beobachtungen einfliessen lassen. Ihre einfühlsame Erzählweise bringt bestimmte Erkenntnisse »auf den Punkt«. Die Geschichten rütteln wach, stimmen nachdenklich oder verführen zum Schmunzeln. Was der Mensch manchmal nur unklar fühlt, regt ihn hier zum Suchen, zum Staunen an. Das Denken zeigt sich in einer klaren, verständlichen Moral, ohne dass sich ein mahnender Zeigefinger erhebt.

Die Autorin betrachtet sich als Schülerin ihres Lieblingsschriftstellers Dino Buzzati. Wie er vermag Katharina Seidel ihre lehrreiche Poesie als spannende Rätsel zu präsentieren, deren Entschlüsselung und Interpretation einfach reizt.

Wer Vergnügen daran findet, ohne Kommentar den springenden Punkt der Parabeln freizulegen, der lese zunächst nur den ersten Teil dieses Buches. Die Texte eignen sich hervorragend als spannende Gesprächsimpulse für Unterricht und Gruppenarbeit, und wegen ihrer Kürze bieten sie sich besonders für die Predigt an.

Der zweite Teil bietet kurze Interpretationen der Gleichnisse und weiterführende Texte aus der Literatur, den Medien und aus der Bibel, die sich thematisch auf die jeweiligen Parabeln beziehen.

Ein Bibelstellenregister am Ende des Buches erleichtert dem Praktiker einen gezielten thematischen Zugriff.

Ich wünsche allen, die sich auf eine Entdeckungsreise in die Ebenen des Unausgesprochenen und auf die Rätsel unseres Lebens einlassen, viel Freude.

Willi Hoffsümmer

I. Moderne Gleichnisse

Zum Wesen der Parabel

1. DAS SCHMUGGLERGEPÄCK

Frag' einen Zöllner nach Koffern mit doppeltem Boden:

Öffnest du das Gepäckstück, so triffst du auf harmlosen Inhalt; das Nachthemd liegt bei der Bürste, die Zahncreme bei den Pantoffeln.

Die heiße Ware jedoch findest du nicht an der Oberfläche, sondern darunter verborgen.
Das können Schätze sein,
das kann Sprengstoff sein.

Dem Schmuggler gleicht der Parabelerzähler: Sein Vorrat hat doppelten Boden.

KLEINE PHILOSOPHISCHE EINSICHTEN

»Des Unglücks süße Milch – Philosophie!«
(Shakespeare: Romeo und Julia, III, 3)

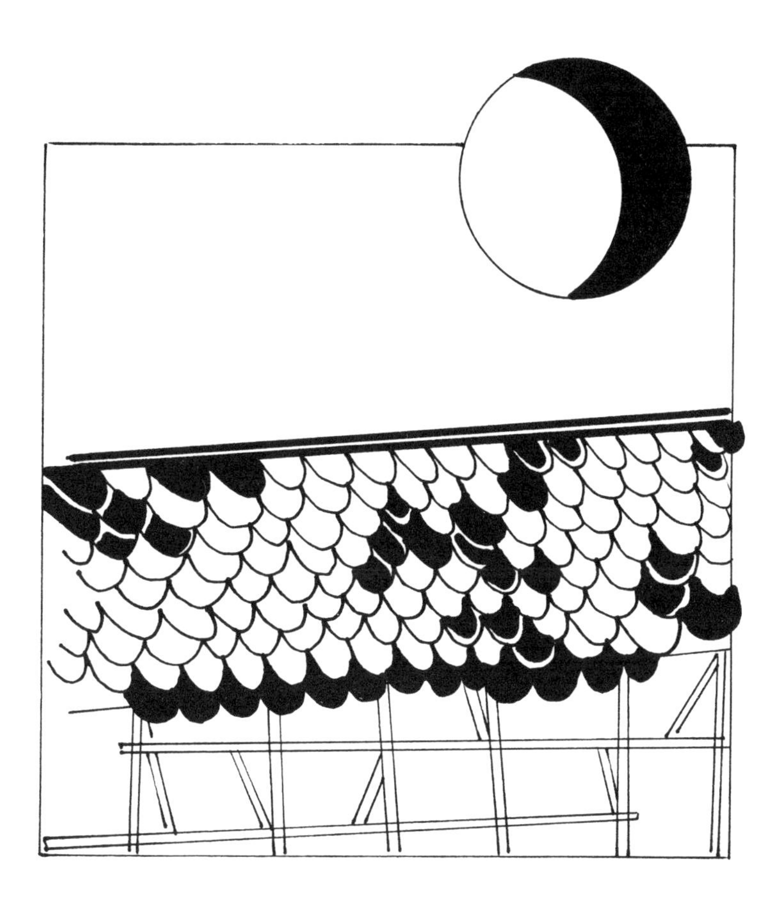

2. DIE SCHERE

Drei Männer betraten, in ein philosophisches Gespräch vertieft, die Werkstatt eines Schneiders.

»Wie also soll man Gegenwart definieren, da doch die Sprache bereits versagt«, schloß der erste, »schon die Aussage 'Ich spreche' straft mich Lügen, denn ich sprach oder habe gesprochen.«

»Denken Sie nur«, pflichtete ihm der zweite bei, »ich besichtigte neulich einen Verlag, der damit wirbt, daß seine historischen Neuerscheinungen immer auf dem neusten Stand seien. Da sitzt wahrhaftig ein Angestellter, der den ganzen Tag über weiße Blätter mit den Tagesmeldungen füllt und sie wegheftet in einen Ordner mit der Aufschrift 'Geschichte'.«

Der dritte nahm die Angelegenheit von einer wiederum anderen Seite. »Mir fällt zu dem Begriff Gegenwart immer ein Koordinatenkreuz ein, dessen Achsen sich ständig verschieben. Wo sie sich schneiden, an diesem flüchtigen Punkt, ist Gegenwart – obwohl man natürlich weiß, daß ein Punkt nichts ist als ein mathematisches Konstrukt.«

»Wie diese Schere?« mischte sich jetzt der Schneider ins Gespräch.

»Ja, wie die Schere!« Die Männer nickten eifrig zu diesem anschaulichen Vergleich und blickten fasziniert auf den geöffneten Schnabel des Werkzeugs, der sich langsam unter dem Griff des Meisters immer weiter schloß. Dem Schneider, der die Sache weniger theoretisch nahm, war seine Erkenntnis einen Blutstropfen wert. Er schob plötzlich eine Fingerkuppe zwischen die wandernden Messer und schnitt hinein, denn seine Schere war scharf.

»Die Gegenwart«, erklärte er, »ist immer da, wo es weh tut.«

* * *

3. DIE WEISHEIT DES ALTERS

»Unsere Zeit achtet überkommene Werte nicht mehr«, beklagte sich ein Menschenfreund im Gespräch mit seinem Arzt, »wen hören Sie heute zum Beispiel noch von der Weisheit des Alters sprechen?«
»So sprechen S i e !« forderte der Arzt ihn auf.
»An meinem Nachbarn A. habe ich das beste Beispiel. War er früher nicht ein haltloser Säufer? Er ist ein Vorbild an Mäßigung und Selbstbeherrschung geworden.«
»Die Leber ließ ihm keine andere Wahl«, bemerkte der Arzt trocken.
»Nun denn: Der B., vor Jahren ein Querulant, dem jeder aus dem Wege ging, ist heute sanftmütig, beinah ein sonniges Gemüt.«
»Die Galle hat ihm jedesmal, wenn er sich so von Grund auf ärgerte, schlimm zugesetzt«, stellte der Arzt fest.
»Aber der C., das müssen Sie doch zugeben, war der schlimmste Streithahn im Stadtrat. Mit welchem politischen Gegner hat er nicht vor Gericht gelegen! Er ist heute versöhnungsbereit, sucht in allem den Kompromiß.«
»Er ist ein Kandidat für einen Herzinfarkt und weiss es«, sagte der Arzt und lächelte.

Den Menschenfreund packte endlich gerechte Empörung. »Sie sind ein Zyniker!« rief er aus, »für Sie ist Weisheit nicht mehr als eine Sache des Bauches.«
»Sie interpretieren mich falsch«, verwahrte sich der Arzt entschieden, »ich sehe die Zusammenhänge nur natürlich. Erwarten Sie etwa Äpfel, wenn Ihr Baum im Frühjahr nicht geblüht hat?«

* * *

4. DER DACHDECKER

Ein Hausbesitzer hatte zur Ausbesserung seines Daches einen Handwerksmeister bestellt. Dieser überreichte ihm einen Kostenvoranschlag; das meiste Geld verlangte er für die Errichtung eines Gerüstes.

Das ärgerte den Hausbesitzer, denn er meinte, daß dieser Aufwand überflüssig sei. Er habe nämlich unsern Meister in der Nacht bei Mondenschein vollkommen sicher auf den Dachfirsten der Häuser wandeln sehn.

Verwundert hörte der Dachdecker seinen Auftraggeber an und zog die Folgerung: »Besonders hohe Fähigkeiten beruhen offenbar darauf, noch ungeweckt zu sein.«

* * *

5. DAS VERWANDELTE ZIMMER

Ein Mensch hatte beschlossen, den Nachmittag und den Abend, den ganzen Rest des Tages, in seinem Zimmer zu verbringen. Mit Behagen wurde er sich bewußt, wie wohl eingerichtet seine Wohnung sei. Ab und zu erhob er sich aus seinem Sessel, um ein Bild zu betrachten, eine Blume zu gießen, ein Buch in die Hand zu nehmen und dann in den warmen Lichtkreis seiner Lampe zurückzukehren.

Plötzlich vernahm er ein leises Klicken an der Tür. Er stand auf, um nach dem rechten zu schauen, und griff nach der Klinke. Da bemerkte er, daß jemand von draußen abgeschlossen hatte. Der Mensch begann zu rufen, zu schreien, an der Klinke zu rütteln, zu toben. Schließlich brach er die Tür mit Gewalt auf und stürzte ins Freie.

Denn das Zimmer, das ihm bei offener Tür als Stätte des Wohlbefindens und Friedens erschienen war, kam ihm bei veränderten Bedingungen vor wie das schlimmste Gefängnis.

* * *

6. DAS RAD

Nimm das Rad zum Gleichnis:
Seine Peripherie – ein Reifen ohne Anfang und Ende. Du kannst mit Kreide einen Ausschnitt bezeichnen und dir vorstellen, dies sei deine Lebensstrecke. Sie nähert sich durch die Bewegung des Rades der Erde, hinterläßt eine Spur und verläßt die Erde wieder.

An der Peripherie kreisen alle Punkte mit derselben Geschwindigkeit. Auf den Speichen dagegen nimmt sie ab, je näher ein Ort dem Mittelpunkt liegt, und logisch folgt daraus, daß in der Mitte der Nabe ein Punkt existiert, der innerhalb allen Kreisens unbewegt bleibt. Er hat keine Ausdehnung, keinen Ort. Geheimnisvoll ist dieser Mittelpunkt. Niemand kann ihn messen und nachweisen, obwohl doch alles um ihn kreist. Ihm ist jeder Ort des laufenden Reifens gleich fern und gleich nah, ob er die Erde berührt, schon berührt hat, erst berühren wird – ihm ist es gleich gegenwärtig.
Er ist wie das Nichts und ist doch das Wesentliche des Ganzen, ein Gleichnis des »unbewegten Bewegers« der Philosophen.

* * *

7. DER LEICHTATHLET

Drei erfolgreiche Sportler tauschten Erfahrungen aus; sie verrieten einander, wie sie ihre Glanzleistungen erreicht hätten.

»Kondition ist alles«, behauptete der erste und erzählte, daß er seinen Körper durch leichte, aber hochwertige Kost, ausreichenden Schlaf und gezieltes Training gekräftigt und gestählt habe.

Der zweite stimmte ihm bei, gab aber am meisten auf seine Sprungtechnik, den sogenannten Fosbury-Flop. »Ich springe, den Rücken zur Latte gelegt, so daß ich gleichsam hinüberfalle.«

Der dritte hielt Kondition und Methode für sehr wichtig, führte aber seinen Sieg im wesentlichen auf ein ganz simples Mittel der Selbstbeeinflussung zurück. »Ich habe mir ganz fest vorgenommen, 2.50 m hoch zu springen.«

Die anderen lachten zunächst herzlich. Als sie aber sahen, daß es ihm ernst war, mißbilligten sie seine Worte. 2.20 m seien doch ein Traumergebnis, stellten sie fest. Aber 2.50 m? Diese Vorstellung grenze an Größenwahn.

»Ganz im Gegenteil!« widersprach der Gescholtene, »wären 2.20 m mein Vorsatz gewesen, so hätte ich nur 1.90 m erreicht. Wer seine Schwäche kennt, muß die Ziele zu hoch stecken.«

* * *

LEBEN – GEGEN DAS ABSURDE

»Das Leben ist mehr Einwilligung als freie Wahl.
Wie selten wählen wir!«
(Abbé Pierre)

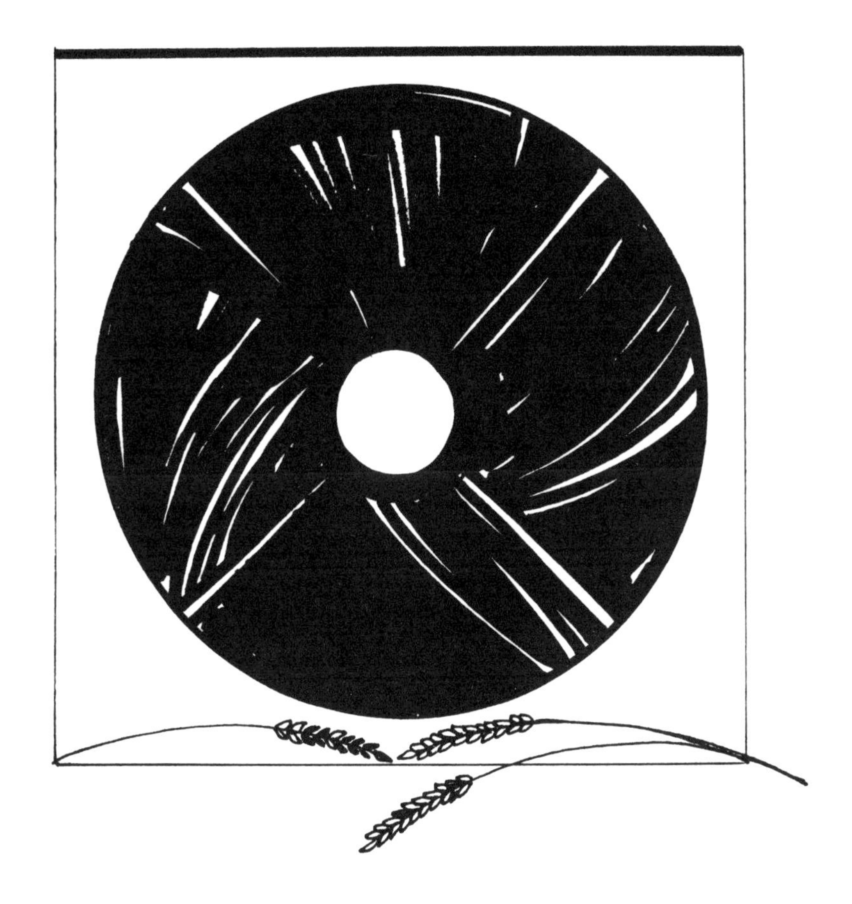

8. DER MÜHLSTEIN

Als die Okeler Mühle noch stand, baufällig zwar, aber noch stand, hatte sich ein Pärchen, das durch einen Brand vorübergehend obdachlos geworden war, darin eingerichtet.

In der ersten Etage, wo der Müller früher die Säcke mit Mehl füllte, war das Strohlager der beiden aufgeschüttet und standen ihre Stühle und der Tisch, während in der zweiten Etage, dem Stockwerk der Galerie, der Mühlstein lag, diese runde Platte aus Sandstein: 40 cm dick, 1,60 m im Durchmesser und zwei Tonnen schwer.

Sie schliefen und wachten, aßen und tranken, liebten und stritten sich unter dem Mühlstein, der auf drei Schrauben ruhte überm morschen Gebälk.

Sie lebten unbeschwert und arglos in den Tag hinein.

* * *

9. DIE STRASSE DER HOFFNUNG

»Die Hoffnung ist die niederträchtigste unserer Empfindungen«, bemerkte der eine, »sie veranlasst uns, auf öder Strasse unterwegs zu bleiben, weil wir bei jeder Wegbiegung mit schöneren Aussichten rechnen. Doch jedesmal sind wir Betrogene und finden uns nur vor einer weiteren trostlosen Strecke, bis eine schliesslich die letzte ist.«
»Das sehe ich anders«, sagte der andere, »der Weg, ich will es nicht leugnen, ist recht mühevoll, die Gegend

streckenweise trostlos. Doch die Strasse ist ja nicht um ihrer selbst willen da. Sie läuft nicht ins Leere, sondern führt auf ein Ziel.«

* * *

10. DIE KLEINE KIEFER

An der Strasse, die ich täglich gehen muss, hatte der Wind ein paar Kiefern gepflanzt. Sooft ich vorüberging, freute mein Auge sich über die jungen Bäume. Besonders eine Kiefer entzückte mich durch ihren kräftigen, geraden Wuchs und ihre dichten Nadeln.
Eines Morgens erschrak ich: Eine rohe Hand hatte meine junge Kiefer umgebrochen. Wenn ich sie nun sah in ihrer Verstümmelung, empfand ich Zorn und Schmerz.
Bis ich eines Tages entdeckte, wie die Spitze der jungen Kiefer sich langsam hob und ihr neuer Trieb wieder in die Höhe wuchs. Der Knick im Stamm – das Stigma – blieb. Aber eines hatte die Roheit nicht vermocht: das Gesetz zu brechen, nach dem der Baum wieder himmelwärts strebte.

* * *

11. DER HUMORIST WIDER WILLEN

»Ich bin ja kein Unmensch«, sagte der Ganove, der den Mann entführte, »in der nächsten Ortschaft dürfen Sie um Hilfe schreien.«
Im nächsten Dorf, das sie passierten, drosselte der Ganove die Geschwindigkeit und stoppte seinen Wagen dort, wo

Leute auf dem Fussweg standen. Der Entführte kurbelte das Fensterglas herunter, doch im selben Augenblick, in dem er seinen Mund auftat, kitzelte ihn sein Entführer in der Taille, so dass sein Hilfeschrei im Gelächter unterging. Die Leute lachten mit oder zuckten die Achseln.
»Sehn Sie, Ihnen ist nicht zu helfen«, bemerkte der Ganove und gab wieder Gas.

* * *

12. DIE FREIHEIT DER WAHL

Ein Mädchen hatte den würdigsten unter seinen Verehrern sehr schroff abfahren lassen: Er komme zu früh, hatte das Mädchen gesagt, sie seien beide noch zu jung. Der Mann verstand es so, daß er nicht bloß reifer an Jahren, sondern auch seiner Geliebten würdiger werden müsse.

Nach solcher Reife- und Bewährungszeit trat er abermals an und mußte nun hören, er komme zu spät, sie sei bereits gebunden.

Den Mann bewegte nun verständlicherweise die Frage, wem die Geliebte den Vorzug gegeben habe. Aber er fand seinen Nebenbuhler weder reifer an Jahren noch würdiger als sich selbst. Diesen Begünstigten hatte nur seine Nase oder der Zufall eben den Moment der Schwäche erspüren lassen, der zwischen Zu-früh und Zu-spät liegt.
Denn darin besteht die ganze sogenannte Freiheit unserer Wahl.

13. DER PATERNOSTER

Am hohen Ufer der Weser, zwischen schmalen, steilen Speichern und Lagerhäusern, befand sich das Kontor der Firma Bachmann, in dem der Lehrjunge eine Bestellung auszurichten hatte. Eben war noch Regen gefallen; jetzt glänzte das holprige Pflaster im hellen Schein der Sonne. Ein weißes Schiff zog drunten den grauen Strom hinab. Der Junge träumte ihm nach, wandte sich dann entschlossen, aber schweren Herzens um und überschritt die ausgetretene Schwelle einer alten, behäbigen Tür. Aus dem Bereich des Lichts und der ruhig strömenden Zeit trat er in einen dunklen Flur und zögerte zunächst, um die Augen daran zu gewöhnen. Schwarze Steinfliesen bedeckten den Boden. Vom Licht eines schmalen Fensters schwach erhellt, wies ein Schild in gotischen Lettern die steile alte Treppe hinauf: »Kontor 3. Stock«. Aus der Tiefe des Flurs aber drangen seltsame Geräusche: ein Scheppern und Quietschen und Ächzen, das den Jungen erst erstarren, dann neugierig herzutreten ließ.

Ja, er hatte schon davon gehört: Es gab hier noch einen Paternoster, einen jener urtümlichen Aufzüge, wie sie zu Beginn des Jahrhunderts üblich gewesen waren. Ein vergilbter Hinweis warnte: »Benutzung auf eigene Gefahr!«

Stahlseile zitterten, straff gespannt unter der Last einer Kabine, die langsam aus dem Keller heraufstieg: die getäfelte Decke, eine erleuchtete Zelle mit Jugendstilornamenten, Linolfußboden; dann wieder Dunkelheit mit zitternden, straffen Seilen. Nebenan bewegte sich absteigend dasselbe: zitternde Drahtseile, Linolfußboden, erleuchtete Zelle, getäfelte Decke – und wieder Dunkelheit, in ewigem Wechsel.

Das schepperte und ächzte und quietschte aufwärts und abwärts, von unsichtbaren Kräften bewegt. Und kein Mensch stieg aus oder ein um diese Vormittagsstunde.

Nach kurzem Überlegen entschied sich der Junge, den Paternoster, nicht die Stiege zu nehmen, wenn auch mit einem bangen Gefühl. Unter Ächzen und Quietschen und Scheppern stieg eben wieder eine Kabine aus der Tiefe: getäfelte Decke, erleuchtete Zelle, Linolfußboden, jetzt auf der Höhe des Flurs. Er schob den Fuß vor, aber schon stieg der Boden des Liftes unaufhaltsam empor, spannenhoch, ellenhoch, nicht mehr erreichbar.

Dunkelheit, zitternde Drahtseile, aus der Tiefe aufsteigend die nächste Kabine: getäfelte Decke, erleuchtete Zelle, Linolfußboden. Rasch, tritt zu, spring! Und reichlich spät, als der Boden schon Ellenhöhe erreicht hat, tritt er schnell noch hinüber mit zitternden Knien und weicht zurück an die Wandornamente im Jugendstil. Dunkelheit zieht vorbei, dann von oben breiter werdendes, trübes Licht aus dem ersten Stock – nach unten entschwindend. Und Dunkel und Licht – der zweite Stock, nach unten entgleitend.

Jetzt paß auf! Erfasse den rechten Moment! Mit gespannten Nerven erwartet der Junge den dritten Stock, das Kontor. Ins Dunkel dringt trübes Licht von oben, wird breiter, erreicht die Schwelle. Der Korridor – dritter Stock, spring! Ach, schon ist der Boden zu tief, die Distanz wächst unaufhaltsam, er wagt es nicht mehr, und die Kabine steigt. Gibt es noch einen vierten Stock? Wieder wechseln Dunkel und trübes Licht. Das ist das Speichergeschoß. Was wird nun geschehen? Scheppern und Quietschen und Ächzen. Die Kabine gleitet hinüber und abwärts. Dunkelheit, trübes

Licht, vierter Stock, Dunkelheit, trübes Licht - jetzt faß' Mut! Aber zitternd, Kraftlosigkeit in den Knien, lehnt der Junge an der rückwärtigen Wand, sieht den Boden im Korridor steigen, die eigene Ebene erreichen, nach oben entgleiten. Dunkel, zweiter Stock, erster Stock, Parterre, und hinab fährt der Lift in den Keller und wieder aufwärts, von Geschoß zu Geschoß.

Die Stockwerke kommen und schwinden, sie kreisen, so scheint ihm, schneller und schneller. Der Junge schlägt die Hand vor die Augen. Das kreist hinauf und hinab und quietscht und scheppert und ächzt, bis alles verschwimmt und Geräusch und Dunkel und Licht ineinanderstürzen und er in tiefe Finsternis fällt.

* * *

MIT GOTT RECHNEN

»Glaube ist der Vogel, welcher singt, wenn die Nacht noch dunkel ist.«
(Rabindranath Tagore)

14. DAS SPRUNGTUCH

Im Erdgeschoß eines großen Hotels, eines Gebäudes mit vielen Stockwerken, brach ein Brand aus, verbreitete sich im Nu durch die ganze Etage, fraß sich im Aufwind des Treppenhauses empor, erfaßte von dort aus die Korridore der oberen Stockwerke und schnitt einem Gast, dem einzigen um diese Tageszeit, den rettenden Ausweg ab.
Als der Mann, durch den Brandgeruch alarmiert, auf den Flur stürzte, züngelten ihm bereits kleine Flammen auf der ganzen Breite des Läufers entgegen. Wie eine Herde rötlicher Tiere liefen sie an den Wänden empor.
Hastig schloß er die Tür wieder, preßte die Hände an die Brust, rannte keuchend ans Fenster, riß es auf und beugte sich, nach einer Feuerleiter, einer Regenrinne suchend, hinaus. Aber da war nichts, nur nackte Mauer und Qualm, der aus den unteren Fenstern quoll, undurchdringlich.
Da, als er sich so ratlos hinauslehnt, scheint es ihm, als ob er durch das Prasseln, Krachen, Fauchen eine Stimme höre, die ihn zum Springen auffordert; zweimal, dreimal: »Springen Sie!« Er meint auch das Wort »Sprungtuch« zu verstehen.
Sein Standort ist hoch – tief drunten liegt mörderisches Kopfsteinpflaster unter dem quellenden Rauch. So zögert er, trotz seiner Not, angesichts folgender Gedankenkette:
Narrt mich die Hoffnung – oder war das wirklich eine Stimme?
Und falls es eine Stimme war – habe ich richtig verstanden?
Und falls ich richtig verstanden habe – sagt die Stimme die Wahrheit?
Und falls sie die Wahrheit sagt – meint sie mich?
Das ist die Situation.

15. DAS UNSICHTBARE NETZ

Ein Mann der Presse ärgerte sich über den abwertenden Gebrauch des Begriffes 'Illusion' durch seine Kollegen. »Jede Illusion«, sagte er, »hat ihre eigene Kraft und Realität.« Dazu erzählte er folgendes Beispiel:

»In der Stadt trat eine Truppe von Seiltänzern auf. Sie spannten ihr Seil vom Glockenstuhl der Don-Bosco-Kirche zum Turm des Rathauses hinüber.
Die Vorstellung fand am Abend statt, bei Scheinwerferlicht und ohne Netz. Es war das Übliche: Sie liefen, sie tanzten, sie radelten über das Seil.
Hauptattraktion aber war der Auftritt eines blutjungen Mädchens, der Tochter des Schaustellerpaares. Wie eine Schneeflocke schwebte sie im Lichtkreis von Turm zu Turm über den Abgrund von Dunkelheit.
Später gab mir der Vater der Kleinen ein Interview. Ich konnte meinen Vorwurf kaum verhehlen:
'Wie haben Sie dieses Kind eine so halsbrecherische Kunst gelehrt?'
'Seiltanzen ist nicht schwer', erwiderte der Mann, 'auch Sie würden es spielend lernen. Das Problem ist die Angst. Meine Tochter fürchtet sich nicht, denn sie ist überzeugt, daß ein unsichtbares Netz ausgespannt sei, fester als Nylon und Hanf.'«

* * *

16. DER KASTANIENBAUM

Ein Pfarrer, der seiner Gemeinde die christliche Hoffnung veranschaulichen wollte, machte einen Kastanienbaum, der vor der Kirche in voller Blüte stand, zum Gleichnis.
»Schien es nicht«, rief er aus, »als Sie zur Christmette kamen, als wäre er tot, als würde er nie mehr zum Leben erwachen? Und dann brachen die Knospen auf, und er blüht und ist herrlich wie ein Baum des Paradieses.«
Nach dem Gottesdienst erwartete ihn ein Mann an der Tür.
»Sie haben ganz gegen Ihre Absicht bewiesen, daß es kein Fortleben gibt«, sagte der Mann, »der Baum wird im Herbst die Blätter verlieren und wieder kahl werden. Gewiß, er wird noch etliche Male blühen, aber schließlich bleibt er doch kahl und ist eingegangen. Immer ist der Herbst das Letzte, das Welken, die Fäulnis, der Tod.«
»Sie haben augenscheinlich recht«, antwortete nachdenklich der Pfarrer, »aber vergessen Sie eines nicht: die Kastanien unter dem Laub.«

* * *

17. DIE MAUS

Zwei Jungen im Alter, in dem man gern grübelt und auf viele Fragen wenige Antworten erhält, kamen auf die Freiheit des Menschen zu sprechen.

«Ich finde es zum Heulen«, sagte der eine, »daß man scheinbar tun kann, was man will, und am Ende erwischt einen doch die Notwendigkeit.«

»Ja«, bestätigte der andere, »es ist zum Verzweifeln. Mir fällt dabei immer die Situation einer Maus ein, die sich einmal in unseren Keller verirrt hatte. Jemand ließ die Katze in den Keller, und nun begann es: Die Katze sprang zu und verfehlte die Maus – aber nur zum Spiel. Sie wußte ja, die Beute war ihr sicher. Die Maus flitzte von Ecke zu Ecke im panischen Versuch, sich zu retten, aber da war ja kein Ausweg.«

»Und dann? Was geschah? Sie wurde gefressen?«
»Nein, Vater öffnete die Tür.«

* * *

18. DER FLIEGENDE TEPPICH

Suleimans Tochter Dahlia knüpfte einen Teppich. Das ganze Frühjahr hindurch arbeitete sie daran, besonders in den frühen Abendstunden. Es war kein Gebetsteppich oder ein anderes der herkömmlichen Muster, sondern ein Kunstwerk ganz besonderer Art. Sie knüpfte das Gezwitscher der Meisen hinein und den Lockruf der Turteltaube, das Aufspringen der Feigenknospen und den Duft der jungen Rosen. All ihre Träume und Sehnsüchte knüpfte sie in den Teppich hinein.

Als sie den letzten Knoten geschürzt und das Werk vollendet hatte, liefen die Familie und die Verwandtschaft, dazu die ganze Nachbarschaft zusammen und bestaunten den Teppich. Am meisten aber bewunderte ihn Ahmed, Dahlias kleiner Bruder. Er konnte sich von dem Anblick kaum losreißen.

In der folgenden Nacht hatte Ahmed einen Traum, keinen jener belanglosen Art, die man am Morgen vergessen hat, sondern einen Traum, so klar und farbig und eindringlich, daß Ahmed überzeugt war, er habe eine tiefe Bedeutung, sei ein Wahrtraum, wie Propheten ihn träumen. Er sah Dahlias Teppich vor sich auf dem Boden liegen in all seiner Herrlichkeit. Da tönte plötzlich ganz klar die Stimme eines Verborgenen, die Ahmed aufforderte, sich mit beiden Füßen auf den Teppich zu stellen, eine bestimmte Formel zu sprechen und sich fortzuwünschen, wohin immer er fliegen wolle. »Denn so, Ahmed, wird es geschehen, so wahr ich spreche.«

Als Ahmed aufwachte, war der Traum ihm so gegenwärtig, als sei alles im Wachen geschehen. Er stand leise auf, obwohl noch Nacht herrschte, trat mit dem Teppich durch die Gartenpforte und breitete ihn im Mondschein auf dem Rasen aus. Aber dann verlor er plötzlich den Mut. In einer unerklärlichen Furcht rollte er den Teppich wieder auf und trug ihn ins Haus zurück.
Am Vormittag, während Ahmed in der Schule war, sah ein Fremder durchs Fenster Suleimans den Teppich über einen Tisch gebreitet liegen. Er bot dafür eine königlich hohe Summe, erwarb ihn und schaffte ihn fort.
Als Ahmed von der Schule heimkam und erfuhr, daß der Teppich nicht mehr da war, erfaßte ihn eine tiefe Traurigkeit. Er sprach mit seinem Vater über den bedeutungsvollen Traum und war überzeugt: Wäre er nur mutig genug gewesen, er hätte fliegen können.

Suleiman blickte seinen Sohn eine Weile forschend an, dann lächelte er ihm Mut zu. »Du hast recht, Ahmed. Der Teppich hätte dich getragen.«

DER GLÄUBIGE - AUS DER FASSUNG GEBRACHT

»Begreife, damit du glaubst; glaube, damit du begreifst.«
(Augustinus)

19. DIE EXEGETEN

Ein Theologe lud eine Schar von Berufskollegen in sein Haus. Sie setzten sich um den runden Tisch, den ein Blumenstrauß zierte, und machten sich daran, in der Bibel zu blättern, zu diskutieren und zu streiten, wie man sie auszulegen habe. Sie debattierten um den Punkt des »i«. Sie mystifizierten und dogmatisierten, sie historisierten und entmythologisierten, sie psychologisierten und feminisierten.

Plötzlich unterbrach der Gastgeber entsetzt den Disput und fuhr einen der Herren an: »Was fällt Ihnen ein?«
Der Gast hatte nämlich begonnen, die Blütenköpfe vom Strauß zu rupfen und zu zerpflücken.
»Ich zähle die Staubgefäße«, erklärte der Gast.
Der Hausherr jammerte: »Was meinen Sie, wie teuer die Blumen sind! Ihr wissenschaftlicher Eifer in Ehren, aber nun ist die ganze Schönheit hin!«
»Ich meinte«, sagte der Gast, »als ich Ihre Darlegungen hörte, das sei hier so üblich.«

* * *

20. DIE ARCHE

Nachdem der Regen vierzig Tage und Nächte lang aus allen Schleusen des Himmels hervorgebrochen war und die Flut fünfzehn Ellen hoch über den Bergen stand, betrachtete Noah aus dem Kippfenster der Arche wohlgefällig sein Werk.
»Fürchtet euch nicht«, sagte er zu den Tieren, den Männchen und Weibchen, die ihn bewundernd umdrängten, »was der Mensch konstruiert, hält allen Fährnissen stand.«

Doch tief im Bauch der Arche bohrte sich indessen das Holzwurmpaar, Männchen und Weibchen, beharrlich und gefräßig durch die Holzverschalung. Denn auch sie hatte Gott in das neue Zeitalter hinübergerettet.

* * *

21. DIE ZAPFENPFLÜCKER

Als der Pastor über dem Text des Sonntagsevangeliums grübelte, jenem Gleichnis vom ungerechten Verwalter, das ihm nie hatte einleuchten wollen, packte ihn blanke Verzweiflung. Er schlug die Bibel zu und hetzte hinaus in den herbstlichen Wald, als ob ihn dort die Antwort auf seine notvolle Frage erwarte.
Vier Kinder im Kindergottesdienst, sieben Erwachsene im Hauptgottesdienst des vergangenen Sonntags. Welchen Sinn hatte noch die Arbeit auf diesem steinigen Acker?

Er lief – und lief an einer Biegung den Zapfenpflückern in den Weg, Männern, die aus dem fernen Schwarzwald gekommen waren. Sie kletterten wendig mit Steigeisen an den schwarzen Stämmen der Erlen auf und nieder wie die Engel auf der Jakobsleiter und leerten schuppige Früchte in die bereitgestellten Kisten aus.
Voll Verwunderung sah ihnen der Pastor eine Weile zu und fragte dann nach dem Sinn dieses Tuns. Was er erfuhr, war ernst genug: Die Samen dieser Erlen, so sagte man ihm, würden wohltemperiert verwahrt, um die Phase versäuerten, unbrauchbar gewordenen Bodens zu überstehen und einst als Aussaat für neue, gesunde Wälder der Zukunft zu dienen.

Gedankenvoll zog der Pfarrer heim, kehrte an sein Pult zurück, schlug die Bibel auf und begriff: »Die Kinder dieser Welt sind klüger als die Kinder des Lichtes.«

* * *

22. DIE MYSTIKER

Die Mystiker gleichen Gefäßen, die eng sind und hoch. Solche Gefäße haben einen engeren Radius als Schalen und Krüge des alltäglichen Gebrauchs. Ihr Inhalt steht unter härterem Druck, da er größere Schwerkraft zu überwinden hat. Aber sie sind dafür tief und ihre Freiheit ist nach oben fast unbegrenzt. Je enger die Horizontale, je höher die Säule der Vertikalen.

Dieses Gesetz ist einfach und ganz natürlich, ja geradezu über-natürlich.

DIE LIEBEN MITMENSCHEN

»Lieben Sie die Menschen, es gibt keine anderen.«
(Konrad Adenauer)

23. DIE FEUERVERSICHERUNG

Als zwei große Scheunen niedergebrannt waren und der Feuerteufel das Dorf in Angst und Schrecken versetzt hatte, schloß die Bäuerin Wienberg schleunigst eine Feuerversicherung ab. Und siehe, kaum war der Vertrag unter Dach, als auch die Wienbergsche Scheune in Flammen aufging. Brandstiftung war nicht nachzuweisen. So trat der Versicherungsfall in Kraft, und noch im selben Sommer wuchsen nebeneinander zwei neue Scheunen auf, die der Bäuerin Wienberg und die ihres Nachbarn Brockhoff.

Da bemerkte Frau Wienberg, daß ihr Nachbar sie nicht mehr grüßte und ihr überhaupt aus dem Wege ging. Sie erwähnte das gegenüber dem Versicherungsagenten. Der, nicht faul, stoppte bei nächster Gelegenheit seinen Wagen, als er Brockhoff an der Baustelle stehen sah, und sprach ihn an:

»Ihre Scheune wird ja noch vor der Ernte fertig. Ein stattlicher Bau!«

Brockhoff gab keine Antwort.

»Auch der Neubau Ihrer Nachbarin ist schon halb hochgezogen. Sie können zusammen Richtefest feiern.«

»Das fehlte noch!« knurrte der Bauer.

Als der Agent ihn nach dem Grund seiner Unzufriedenheit fragte, kam heraus, daß Brockhoff an der Gerechtigkeit der Versicherung und der Redlichkeit seiner Nachbarin zweifelte.

»Ihre Scheune ist größer und schöner als meine. Dabei war Frau Wienberg erst wenige Wochen bei Ihnen versichert, und das Feuer kam wie bestellt. Ich aber zahle seit vierzig Jahren meinen Beitrag – ein Vermögen inzwischen! – und habe nicht mehr herausbekommen als das Geld zu diesem Schuppen da.«

»Erlauben Sie mal«, wies ihn der Agent zurecht, »Ihre Scheune war weniger hoch versichert als die der Frau Wienberg. Sie haben alles bekommen, was der Vertrag garantiert und Ihre Nachbarin ebenso. Hätte ich, nach Ihrer Meinung, diese Dame betrügen sollen?«

* * *

24. DAS TREFFEN DER MALLINKOWS

Die weitverzweigte Sippe derer von Mallinkow veranstaltete einen Familienkongreß. Ottokar von Mallinkow, in dessen Schloß das Treffen stattfand, postierte sich oberhalb der Freitreppe, um die Heraufsteigenden einem prüfenden Blick zu unterziehn, damit nicht etwa Unberufene sich unter die zahlreichen Mallinkows mischten. Diesen Posten mochte er keinem Diener anvertrauen. »Denn nur Eliten«, sagte er, »erkennen Eliten.«

Seine Aufgabe wurde übrigens erleichtert durch eine Art Familienphysiognomie, die allen Mallinkows gemeinsam war: eine schmale, leicht gekrümmte Nase, von deren feinen Nüstern sich tiefe Verachtungsfalten zu den Mundwinkeln zogen.

Das Fest nahm seinen Lauf. Es war ein glanzvolles Fest, und am Ende sagten alle, es sei reizend gewesen; nur eines – oder einen – hätten sie vermißt: Carl Augustin, den Vornehmsten von allen, ihn, dessen Ahnherrn Kaiser Wilhelm noch eigenhändig gefürstet hatte. Den Fürsten Mallinkow, den hätten sie vermißt.

Da fuhr Herrn Ottokar die Röte ins Gesicht. Denn der Mensch fiel ihm ein, den er zu Beginn des Festes unwirsch abgewiesen hatte, ein Mann mit runden Wangen und mit einer Knollennase.

* * *

25. DER WELTBERÜHMTE KOMPONIST

Ein weltberühmter Komponist – Vorsicht verbietet mir, seinen Namen zu nennen – folgte in den fünfziger Jahren einer Einladung der Stadt Münster, aus seinen Werken zu spielen.
Als nach vollendetem Konzert der Komponist die virtuosen und sensiblen Finger von den Tasten nahm und sich erhob, um die begeisterten Ovationen entgegenzunehmen, näherte sich ihm schüchtern ein junges Mädchen mit einem Rosenstrauß, die Botin der Stadt; sie hatte den Auftrag, dem Künstler im Namen Münsters zu danken.
Der aber hob mit einem Ruck den Kopf und übersah die Botin. So brachte er zum Ausdruck, daß er, der weltberühmte Komponist, sich durch das junge Ding indigniert fühle und nur Prominenz ihm angemessen sei.

* * *

26. DAS SCHWIMMENDE EISEN

Ein Skandal, in den Politiker der oberen und der höchsten Ebene verwickelt waren, erschütterte die Grundfesten des Staates. Drei Schüler sprachen einen Lehrer darauf an. Sie fühlten sich in ihrem Vertrauen auf die Demokratie verletzt und gaben die Schuld der eben regierenden Partei und den Erwachsenen. Der Lehrer war Mitglied jener Partei.

»Was erwartet ihr denn?« wollte der Lehrer wissen.
»Daß die Gewählten sich des Vertrauens würdig erweisen.«
»Daß die Exponierten Vorbilder sind.«
»Daß alle, die uns belehren wollen, selbst so integer sind, wie sie's von uns verlangen.«
»Ihr habt ein Recht, das zu fordern«, bestätigte der Lehrer, »haltet daran fest. Aber daß just diese Männer gewählt wurden, ist kein Zufall. – Was sind eure Väter?«
»Mein Vater arbeitet in der Industrie.«
»Wer wird dort Generaldirektor?«
»Wer Ellbogen hat.« -
»Mein Vater ist Lehrer wie Sie.«
»Was erzählt er? Werden jene Kollegen Fachleiter, die ihr Schüler am liebsten habt? Oder Schulrat die besten Pädagogen?«
»Bewahre!« -
»Mein Vater ist Pastor.«
»Wählt man in der Kirche die Demütigsten zu Synodalen? Wird man Papst wegen besonderer Heiligkeit oder Landesbischof der Nächstenliebe wegen?«
»Leider nicht.« -
»Seht her!« sagte der Lehrer. Er ließ Wasser ins Becken laufen, griff in die Tasche, drückte etwas auf den Grund des Beckens und ließ los. Ein Kork schnellte nach oben; ein Stück Eisen blieb liegen.
»Also ein Naturgesetz?« schaltete ein Junge und zog die Stirn kraus.

»Ein Naturgesetz, wie du sagst. Damit Eisen schwimmt, bedarf es prophetischen Geistes.« [1]

[1] Vergleiche 2 Könige 6,6

* * *

27. DIE AMBIVALENZ DER ALGEBRA

Eine alte Dame fuhr eines belebten Tages von Neugraben nach Poppenbüttel hin und zurück, wozu man, wie jedes Kind in Hamburg weiß, viermal die S-Bahn benutzt. Zweimal standen junge Leute vor ihr auf und stellten ihren Platz zur Verfügung; zweimal mußte sie stehn, während sich Jugendliche auf den Sitzen räkelten.
»Die meisten jungen Leute sind heutzutage schlecht erzogen und ungefällig«, beklagte sich die Dame.

Am selben Tag benutzte auch eine andere alte Dame die S-Bahn zwischen Poppenbüttel und Neugraben hin und zurück.
Zweimal stand sie in der überfüllten Bahn, zweimal boten ihr junge Menschen einen Platz an.
»Die meisten jungen Leute sind höflich und hilfsbereit«, erklärte die alte Dame.

Nach den Gesetzen der Dezimalrechnung hatte jede der beiden Frauen recht.

* * *

UMWERTUNG ALLER WERTE

»Manchmal liegt das Ziel vor einem, wenn man sich umdreht.«
(Hanns-Dietrich von Seydlitz)

28. DER SCHNELLZUG

Die Situation manch eines Menschen ist der des jungen Mannes gleich, der eines schönen Frühlingstages, in die Polster seines Abteils zurückgelehnt, auf die Abfahrt seines Schnellzuges wartete. Auch drüben stand ein Zug, jenseits des Bahnsteigs, auch er kurz vor der Abfahrt. Fremde lehnten in den Fenstern: braungebrannte Erfolgsmenschen, ein hübsches Mädchen mit seidigem Haar, ein paar ungeduldige Kinder.
Und dann ertönte der Lautsprecher, der Stationsvorsteher pfiff, und langsam erst, dann schneller, sanft, geräuschlos setzte sich der Zug des jungen Mannes in Bewegung, ließ jene anderen hinter sich: die Kinder, das hübsche Mädchen, die braunen Erfolgsmenschen. Der junge Mann erfreute sich der mühelosen Fahrt und der Beschleunigung; er sah, ohne nachzudenken, den Bahnsteig im eigenen Tempo mitgleiten, bis beim Vorüberziehen des Schlußlichts jenes anderen Zuges die Illusion erlosch:
Die anderen befanden sich in Progression und eilten ihm in schneller Fahrt davon, während er selbst, bequem in seinen Polstern, sich nicht vom Fleck gerührt hatte.

* * *

29. DIE FUNDSACHE

Eine alte Dame meldete im Fundbüro den Verlust einer Brosche. Sie beschrieb das Schmuckstück genau, worauf der Beamte ausrief: »Sie haben Glück gehabt; vor einer Stunde erst hat ein kleines Mädchen diese Brosche abgegeben.«

Und er legte die Fundsache vor sich auf den Tisch. Die Dame nickte bestätigend. Sie kramte aus ihrer Tasche einen Geldschein hervor und bat den Beamten, ihn der Finderin auszuhändigen.
Der Mann starrte sie ungläubig an, als zweifle er an ihrem Verstande. In schonendem Tonfall wandte er ein: »Die Brosche, mit Verlaub, ist nur vergoldet. Sie besteht aus ganz gewöhnlichem Blech und ist kaum einen Bruchteil des Geldes wert. Wenn ich Ihnen raten darf, gnädige Frau: Spendieren Sie der Kleinen ein Eis, das ist mehr als genug. Der gesetzliche Finderlohn...«
Da fiel ihm die Dame heftig ins Wort. »Den gesetzlichen Finderlohn hätte ich auf Heller und Pfennig bezahlt, wenn es sich um mein Perlenkollier oder mein Saphirarmband gehandelt hätte. Diese Brosche ist kostbarer.«
Fast zärtlich strich sie das blecherne Schmuckstück ein, grüßte und ließ den Beamten mit seinem Kopfschütteln allein.

* * *

30. DIE GIRAFFEN

Giraffen, so stand in einem Aufsatz zu lesen, beißen sich selbst, wenn sie unter starken Schmerzen zu leiden haben.
Sie handeln so, um nicht schreien zu müssen,
um sich ihren Feinden nicht zu verraten,
um sich abzulenken,
um den Schmerz zu halbieren.

Schmerzen, so beweist diese Handlungsweise, sind teilbar durch Verdoppelung.

31. DIE ANGST, DES DIEBES KOMPLIZE

Der reiche Mann verließ sich auf seine Dienerschaft und die Stahlwand seines Tresors, die garantiert schnittsicher war gegen Sägen und Strahlen.
Aber nicht der Herr, sondern die Angst regierte das Haus.

Und während die Herrschaft tafelte, erschien an der Tür ein Maskierter. Maskierte sehen furchterregend aus, daher ließ es die Dienerschaft auf eine Kraftprobe nicht ankommen.
Auch der Reiche, an seiner Tafel aufgeschreckt, hob lieber die Hände, als nach der Waffe im Schubfach zu greifen, und seine Frau öffnete selbst den Tresor.

Als der Maskierte die Villa verließ, legte er seine Spielzeugpistole mit süffisantem Lächeln auf die Schwelle.

Die Häuser der Reichen sind ein Sesam-öffne-dich, denn die Angst ist des Diebes Komplice.

* * *

32. DIE KLUGE PROFESSORIN

Professorin Wilma Frank galt in Wien für eine kluge Frau. Nicht nur verstand sie viel von Kunstgeschichte; sie bewies Umsicht auch im Banalen. Daher legte sie in den vierziger Jahren Vorräte an, kurzfristige wie Fett und Fleischkonserven, langfristige wie Nudeln und Hülsenfrüchte.
Dann hielt der Hunger Saison. Und als die Zeit der langfristigen Vorräte anbrach, erfuhr Wilma Frank, daß ihre

Nachbarn hungerten. Eine heilige Unvernunft ergriff von ihr Besitz. Sie lud ihre Nachbarn zu Tisch. Die Nachbarn entsannen sich ihrer Freunde, und der Mittagstisch wuchs von Tag zu Tag.
Als die Vorräte sich dem Ende zuneigten, taten sich die Nachbarn nach anderen Quellen um. Professorin Frank begann selbst zu hungern, ohne daß es ihre früheren Kostgänger rührte. Ja, sie drehten ihr eine Nase und sagten: »War sie nicht dumm genug, die Frau Professorin?«
Da Frau Frank aber eine kluge Frau war, wußte sie zweifellos um die Umwertung aller Werte.

* * *

POLITIK – DIE KUNST DES MÖGLICHEN

»Ein garstig Lied! Pfui! Ein politisch Lied!«
(Goethe: Faust I, Auerbachs Keller)

33. DIE STAATSKAROSSE

Ein hochprominenter Politiker hatte sich für eine Wahlreise gerüstet, sein Auto mit Parolen beklebt, einen Anzug von optimistischer Farbe angezogen. Nun stieg er in den Wagen ein, übte noch einmal vor dem Rückspiegel seinen unbestechlichen Adlerblick und das sieghafte Lächeln. Dann ließ er den Motor an und fuhr über Land.

Unser Politiker hatte niemals daran gezweifelt, daß er ein populärer Typ sei, als er aber jetzt in eine größere Stadt einfuhr, übertraf das unverhohlene Interesse der Passanten all seine Erwartungen. Die Menschen blieben stehen, machten einander aufmerksam, zeigten mit dem Finger und riefen etwas, was er nicht verstand, aber als freundlichen Gruß deutete; jovial winkte er ihnen mit der Hand.
Je tiefer er in die Stadt hineingeriet, desto lebhafter wurde die allgemeine Begeisterung. Die Leute winkten geradezu leidenschaftlich; der hochprominente Politiker nickte nach rechts und links und dankte lächelnd für die Ovationen.
Aber schließlich überstieg der Jubel seiner Anhänger (und das waren sie offenbar alle) die letzten Schranken. Aus der gestikulierenden Menge drangen hysterische Schreie. Einzelne Personen liefen wie gehetzt neben dem Wagen her, klopften an Tür und Scheiben.

Vor soviel Verehrung begann selbst diesem populären Herrn bange zu werden. Er gab Gas, um die begeisterten Fans abzuschütteln, als eine unerklärliche Hitze im Nacken ihn zum Blick in den Rückspiegel veranlaßte. O Schreck! Der Fond des Wagens stand in hellen Flammen.
Bremsen und Abspringen war für unseren Politiker eins. Sekunden später explodierte der Wagen.

34. DIE WIPPE

Zwei Zeitgenossen, die im Kaffeegarten eines Gasthofs eingekehrt waren, überlegten, welchem Staat der Erde sie den Vorzug geben würden.
»Ich würde mich glücklich schätzen«, sagte der eine, »wenn ich im Staate A. leben könnte; dort ist die Gleichheit der Staatsbürger in idealem Maße hergestellt worden.«
»Aber nur auf Kosten der Freiheit«, wandte der andere ein, »jeder, der dort den Kopf ein wenig höher streckt, wird augenblicklich wieder auf das Einheitsmaß heruntergedrückt. - Ich wäre daher am liebsten im Staate B. zu Haus, wo der persönlichen Entfaltung ein idealer Spielraum bleibt.«
Diese Rede gefiel wiederum dem ersten nicht. »Die sozialen Unterschiede sind dort haarsträubend«, sagte er, »was nützt es, wenn wenige ihre Freiheit mit der Abhängigkeit vieler erkaufen.«-

An den Kaffeegarten grenzte ein Spielplatz für die kleinen Gäste. Man genoß vom Platz der beiden Zeitgenossen aus den Blick auf eine große Wippe.
»Sehen Sie nur«, sprach der erste und zeigte hinüber, »jetzt ist das kleine Mädchen oben; der Junge hat die Beine am Boden. Gleich schnellt der Junge hinauf, dann wird das Mädchen notwendig herabgedrückt.«
»Das Gleichnis ist gut«, bemerkte der zweite und suchte den Kompromiß, »man braucht also die Balance.«
Aber sein Partner erwiderte mit einem Blick auf die Wippe: »Passen Sie auf: Sobald die Balance erreicht ist, verlieren beide den Grund unter den Füßen. Notwendigerweise muß wieder einer herab.«

35. DIE ANEKDOTE VON DER FAMILIE RÜBESAM

»Was haben wir mit dem Hunger der anderen Welt zu tun?« sagten die Stammtischbrüder und liessen sich eine neue Runde Bier bringen.

Einer aber erzählte folgende Geschichte:
»Herr Rübesam war für seinen Fleiss und seine Zuverlässigkeit bekannt. Er liess sich keine Gelegenheit entgehen, sein ohnehin gutes Einkommen mittels Überstunden und Gefälligkeiten, die er Bekannten erwies, aufzubessern.
Frau Rübesam und Söhne, auch ihrerseits fleißige Erwerbspersonen, fanden es durchaus in Ordnung, daß der Vater seine Gefälligkeiten gelegentlich bis in die Nacht ausdehnte. 'Heut helfe ich noch ein paar Stunden bei Schmitts aus', sagte etwa Herr Rübesam, gab Küßchen und kam erst gegen vier nach Haus, rücksichtsvoll auf Socken schleichend.
Freilich, im Lauf der Monate und Jahre blieb Frau und Söhnen nicht verborgen, daß der Zufall, wirklich nur der Zufall, es wollte, daß immer nachts, wenn Rübesam bei Schmitts und anderswo gefällig war, im Umkreis eingebrochen wurde. Sie hüteten sich wohl, dem Zufall nachzuspüren.
Ihr Schlaf war gut und sanft, und sie genossen ihr reichliches Taschengeld.
Doch eines Nachts – ach! – wurde Rübesam bei seiner Arbeit an einem fremden Tresor überrascht.
Als die Sache vor Gericht kam, schwuren Frau und Söhne, daß sie ahnungslos und folglich auch ganz schuldlos seien. Waren sie's?«
Die Stammtischbrüder zogen ärgerlich die Brauen hoch: »Was soll uns diese Anekdote?«

36. DIE RATTEN

Kaum waren die Taue über die Dalben[1] geworfen, da beobachtete der Bordhund, wie Ratten übers Deck huschten, sich ins Meer fallen ließen und zur Kaimauer hinüberschwammen. Die letzte hatte sich noch in der Vorratskammer gemästet und watschelte schwerfällig über die Planken. Der Hund legte sich ihr in den Weg.

»Ist es euch auf dem Schiff so schlecht ergangen?«
»Das nicht. Aber unsereins hat ein Gespür für Katastrophen. Es riecht verdammt nach Leck. Willst du mit der Besatzung eines so antiquierten Frachters untergehn?«

»Ich bin keine Ratte«, erwiderte der Hund, »und wer spricht denn von Untergehn? Ich werde so lange kläffen, bis die Leute auf den Schaden aufmerksam werden. Aber ich belle an Bord.«

[1] Pfahlbündel zum Befestigen von Schiffen.

* * *

KRIEG — »DER VATER ALLER DINGE« (Heraklit)

»Der Krieg entsteht aus dem nicht bewältigten Frieden.«
(Vaclav Havel)

37. DER MANN MIT DEN NAGELSTIEFELN

Ein Demokrat fragte einen Demokraten, wovor man sich in unserer Zeit am meisten fürchten müsse. Der Demokrat antwortete:

»Nach meiner Ansicht hat man nichts mehr zu fürchten als den Mann mit den Nagelstiefeln.«

Der erste Demokrat verstand dieses Gleichnis nicht; der zweite erklärte es ihm also:

»In dem Forst, der Meese[1] heißt, befand sich im Kriege eine Munitionsfabrik. Über zwölf Bunker verteilt, die mit Bäumen und Heidekraut bepflanzt und daher aus der Luft nicht erkennbar waren, überdauerte die Fabrik den Krieg unbeschadet. In einem der Bunker lagen Leinensäcke gestapelt, deren Inhalt nicht mehr zur Weiterverarbeitung gelangt war.

Für die Bevölkerung, die seit Jahren Mangel an Textilien gelitten hatte, stellte das solide, feste Leinen ein begehrtes Gut dar. Viele Menschen machten sich auf, schlüpften in den Bunker, öffneten die Säcke, schütteten das graue Pulver, das sich darin befand, in einen Winkel und trugen ihre Beute nach Haus.

Das ging nun so, solange es ging, und der Pulverberg wuchs und wuchs. Dann kam, was kommen mußte:

Keineswegs aus Vorbedacht, sondern aus Unwissen, Dummheit und Gedankenlosigkeit betrat den Bunker ein Mann mit genagelten Schuhen. Die Nägel schlugen Funken aus dem Betonboden des Bunkers, die Funken entzündeten den Pulverberg, eine Explosion zerriß den Bunker, zerriß und begrub alle Menschen, die sich darin befanden.«

»Und was hat dieser Mann mit den Nagelstiefeln mit unserer Zeit zu tun?« fragte der erste Demokrat.

»Man muß nichts mehr fürchten als ihn«, antwortete der zweite, »noch weiß niemand, wo er ist, aber das Pulver häuft sich.«

[1] Die Meese ist ein Waldgebiet in der Nähe von Bremen.
Das geschilderte Unglück ereignete sich dort im Sommer 1945.

* * *

38. DIE RISIKEN DER VERTEIDIGUNG

Der Garten war ein kleines Paradies. Schattige Bäume, blühende Sträucher und Blumenbeete, die vom Frühjahr bis in den Herbst hinein in voller Pracht standen, bezauberten die Passanten. Da gab es niemanden, der nicht einige Minuten anhielt, um zu staunen und sich zu freuen, wenn ihn der Weg vorüberführte.
Am Ende des Gartens begrenzte ein verwunschenes kleines Haus die Szenerie. In dem Häuschen wohnte eine alte Dame, deren ganze Sorgfalt und Liebe der Pflege ihrer Blumen galt. Weil diese Frau sehr zurückgezogen lebte, beschäftigte sie die Phantasie der Ortsbewohner. Besonders zäh hielt sich ein völlig unbegründetes Gerücht von verborgenen Schätzen der Alten.

Vielleicht war es dieses Gerücht, das unerwünschte Personen anlockte. Die Dame äußerte einem Nachbarn gegenüber, sie höre mitunter in der Nacht schleichende Tritte und Flüstern an ihren Grenzen. Der Nachbar beriet den Fall mit anderen Nachbarn, und schließlich boten sich ein paar beherzte Männer für den Wach- und Verteidigungsdienst an.
Wie es das Schicksal wollte, stieß dieser kleine Trupp eines Nachts auf die Gruppe der Schleicher und Flüsterer. Es nützte nichts, daß diese ihre Harmlosigkeit beteuerten; ein Wort gab das andere, und mit einem Mal war im Garten der Alten die schönste Schlägerei im Gang. Ineinander verklammerte Männer wälzten sich in den Blumenbeeten. Andere hieben Zweige von den Bäumen, um auf einander loszudreschen. Der Tumult näherte sich mehr und mehr dem Hause und erreichte seinen Höhepunkt, als die Verteidiger Steine aus der Einfriedigung brachen und ins Dunkle schleuderten, wo sie den Feind vermuteten. Scherben klirrten; man hörte drinnen Gegenstände krachend zu Boden stürzen. Erst gegen Morgen verzogen sich die Männer, gerechte und ungerechte.
Die Dame, die voller Entsetzen aus ihrem Bett den Lärm verfolgt hatte, wagte sich erst am hellen Tag hervor. Fassungslos stand sie vor der Verwüstung. Da bemerkte sie jenseits des Zauns ihre gaffenden Nachbarn. Verzweifelt rang sie die Hände. »Die Männer haben mehr zerstört, als es drinnen zu rauben gab!«
Aber die Leute zuckten die Achseln. »Was wollen Sie? Das sind die Risiken der Verteidigung.«

* * *

39. DIE BLUTRACHE

In einem sizilianischen Dorf lebten vor einigen hundert Jahren zwei Familien, die miteinander auf den Tod verfeindet waren. Niemand verstand eigentlich recht, warum, es soll sogar Zeiten gegeben haben, in denen sie geschäftlich miteinander innig verkehrten. Denn die Familie Rustici bewirtschaftete große Ländereien, während die Familie Mercatore einen Landhandel mit Produkten aller Art betrieb. Aber vielleicht lag gerade in den Geschäften die Ursache des Zerwürfnisses.
Die Mercatore gingen also den Rustici aus dem Wege und die Rustici den Mercatore. Sie redeten einander übel nach. Männer aus beiden Familien schwangen, wo sie sich doch über den Weg liefen, drohend die Fäuste; die Frauen lachten einander höhnisch und herausfordernd ins Gesicht; die Kinder spuckten vor die Tür des Feindes.

So spitzte der Streit sich zu, mit Sorge beobachtet von den übrigen Dorfbewohnern, die immer wieder zu schlichten versuchten.
Die Spannungen hätten sich in der Tat vielleicht überlebt, wäre in der Gemeinde nicht ein Waffenhändler ansässig gewesen, dem der Streit aus verständlichen Gründen wohl gefiel.
Damals waren eben die Feuerwaffen erfunden worden und standen noch hoch im Preis. Als der Händler eines Tages Signor Mercatore auf der Straße gewahrte, forderte er ihn auf, in sein Geschäft einzutreten und seine Handfeuerwaffen zu begutachten. Er nahm ihn beiseite, spielte auf die ortsbekannte Feindschaft des Landhändlers an und fragte mit Bedacht, ob Herr Mercatore – natürlich nur seiner Sicherheit wegen, nicht etwa um sie gegen Menschen

zu richten – eine solche Waffe günstig erwerben wolle. Mercatore gefiel dieser Vorschlag, und sie wurden handelseinig. – Kurz darauf kam Signor Rustici zu Ohren, daß sein Feind im Garten Schießübungen veranstalte, worauf auch er den Waffenhändler aufsuchte und eine Feuerwaffe erwarb.

Den Nachbarn erschien diese Entwicklung bedrohlich, zumal spätere Gerüchte wissen wollten, daß bald dieser, bald jener der Gegner bei dem Waffenhändler noch modernere, noch gefährlichere Schießgeräte erworben und die veralteten im Dorf weiterverkauft habe. Die Feindschaft begann ihre Kreise zu ziehen. Die einen nahmen Mercatores Partei, die anderen hielten mit wachsender Leidenschaft zu Rustici.

Um Schlimmeres zu verhüten, beriefen die Dorfältesten eine Versammlung aller erwachsenen männlichen Dorfbewohner ein. Sie malten aus, was doch Schlimmes aus Besitz und Gebrauch der gefährlichen Waffen entstehen könne, ja in bewegten Worten und mit gewundenen Händen beschworen sie die beiden Kampfhähne, ihre Gewehre zu vernichten.
Erstaunlich genug: Ihre Bitten schienen auf die Zerstrittenen Eindruck zu machen. Es kam zu einer feierlichen Ächtung aller Feuerwaffen. Auf dem Marktplatz wurde ein Scheiterhaufen angezündet, und als er recht hell und heiß brannte, warfen Herr Rustici und Herr Mercatore ihre Gewehre (oder einen Teil davon – wer soll das wissen?) in die Flammen. Auch ein Teil der übrigen Einwohnerschaft trug freiwillig Waffen herbei und gab sie der Vernichtung preis.

Man sollte denken, den Waffenhändler hätte diese Entwicklung der Dinge bestürzt gemacht. Weit gefehlt! Eines schönen Tages fing er Rustici am Markte ab, dankte ihm in bewegten Worten für sein aufopferndes, friedfertiges Verhalten und betrat wie zufällig unter diesen Reden mit ihm sein Geschäft. »Kein humaner Mensch«, sagte er, »greift doch heute noch zu Pulver und Blei. Aber Sicherheit muß sein. Wer klug ist, schützt sich dennoch, und zwar mit konventionellen Waffen.« Und er breitete sein Magazin von Schwertern und Dolchen vor dem Großgrundbesitzer aus. Der konnte weder der Überredungskunst noch dem Anblick der blitzenden Klingen widerstehen und ließ sich auf den Handel ein. Noch am selben Tage kam es zum Geschäftsabschluß gleicher Art mit dem Landhändler.

Da begann auch wieder der heimliche Handel hin und her. Die ersten Dolche und Schwerter wurden durch zweite und dritte, noch schärfere, ersetzt, die alten an Dorfbewohner verkauft und verkungelt. In den Abendstunden hörte man die Leute beider Parteien auf ihren Türschwellen die Messer wetzen.

Das ging so lange, bis ein Mann, vielleicht um eines Ehrenhandels willen, vielleicht auch nur, um den Dolch zu erproben, einen anderen anfiel. Der stach zurück, die Nachbarn mischten sich ein, und einer blieb schließlich tot auf der Straße liegen. Die Angehörigen des Erstochenen forschten nicht lange nach Ursache und Schuld, sondern rächten sich blutig an der Familie des Täters, die ihrerseits Rache nahm. Bald gab es täglich in irgendeinem Haus Tote zu beklagen.
Wie eine Lawine griff das allgemeine Morden um sich. Als endlich auch Mercatore und Rustici hineingezogen wur-

den, entsannen sie sich ihrer, wie sich nun erwies, versteckten Feuerwaffen. Da gab es nicht viel Federlesens mehr: wahllos streckte man einander nieder.
Als letzter kam auch der Waffenhändler an die Reihe, der gehofft hatte, in seinem Keller dem Übel zu entgehen. Der Eindringling und er legten gleichzeitig aufeinander an und fielen unter den Kugeln des Gegners.

Denn wo eine Waffe ist, ist auch Gelegenheit.

* * *

UNSERE MITGESCHÖPFE – »RESSOURCEN«?

»Wir benehmen uns so, als hätten wir noch eine zweite Welt im Koffer.«
(Jane Fonda)

40. DER TECHNISCHE FORTSCHRITT

Mit dem technischen Fortschritt ist es wie mit jener Dame, die in einen Zug eingestiegen war, einen besonders komfortablen Expreß, und sich nun in ihrem Abteil behaglich einrichtete. Es war ein Schnellzug von einzigartiger Ausstattung, und wer ihn benutzte, mußte natürlich auch seinen Preis zahlen. Unter vielen anderen Bequemlichkeiten stand den Fahrgästen auch ein Kopfhörergerät zur Verfügung, das durch Knopfdruck auf einem Schalttäfelchen die Wahl zwischen moderner und klassischer Musik, Vorträgen und Nachrichten verschiedener Art gestattete. Die Dame griff nach diesem Apparat über ihrer Sessellehne, paßte ihn ihrer Kopfgröße an und fühlte sich nun auf angenehme Art von jeder Höflichkeitspflicht entbunden, mit ihren Mitreisenden in irgendwelchen Kontakt zu treten. (Sie musterte freilich deren Kleidung und Manieren und stellte zu ihrer Befriedigung nichts Ungewöhnliches fest).

Inzwischen setzte sich der Zug in Bewegung und glitt überaus sanft aus der Halle. Kaum spürbar beschleunigte sich das Tempo, und bald schon passierte der Expreß reizvolle Gegenden. Satte Blumenwiesen, friedliche Dörfer, dichte Wälder zogen durch das Blickfeld.
Nachdem sie eine Zeitlang so zum Fenster hinausgeträumt hatte, meinte die Dame zu bemerken, daß die Geschwindigkeit des Zuges sich noch ständig steigere. Sie registrierte es mit zwiespältigen Gefühlen; in die Befriedigung, früher ans Ziel zu gelangen, mischte sich ein leises Unbehagen, wie man es allem Unerklärlichen gegenüber empfindet.

Eine weitere Feststellung machte ihr Angst. Die Landschaften, die der Expreß inzwischen durcheilte, waren weniger einladend. Die Wiesen sahen aus, als habe eine lange Trockenperiode geherrscht. Die Wälder waren fadenscheiniger und wie von einem Braunschleier überzogen. Ja, bald raste der Zug durch Gegenden, die offenbar von irgendeiner Katastrophe heimgesucht worden waren: Skelette entnadelter Tannen starrten gen Himmel; die Ortschaften wirkten verwittert und schienen nur noch mit grellen, künstlichen Farben Leben vorzutäuschen.

Die Dame, von wachsender Panik ergriffen, war froh, als endlich der Schaffner ins Abteil trat. Sie fragte ihn nach der nächsten Station, ihrem Reiseziel. Da glitt ein hintergründiges Lächeln über das Gesicht des Beamten. Er bedaure, sagte er, aber der Zug halte nicht an vor der Endstation. »Wann wird das sein und wo?« schrie die Reisende, nunmehr von Entsetzen ergriffen. Aber der Schaffner zuckte nur mit den Schultern und zog sich zurück.

Mit einem irren Blick suchte die Dame die Decke des Abteils nach einer Notbremse ab, entdeckte sie tatsächlich über der Tür, war mit einem Sprung dort, streifte die Schuhe blitzschnell von den Füßen und wollte eben neben einem Herrn auf den Sitz treten, um den roten Griff zu erreichen, als sie sich von vielen Fäusten gepackt und zurückgerissen fühlte. Die Tür öffnete sich, und für einen Augenblick erschien noch einmal das hintergründige Lächeln des Schaffners über der Verzweifelten. »Es tut mir aufrichtig leid, gnädige Frau«, sprach der Beamte sanft, »aber wer diesen Zug wählt, kann nicht mehr aussteigen.«

* * *

41. DER LETZTE BAUMSCHÜTZER

Der letzte Baumschützer stellte sich mit ausgebreiteten Armen vor den letzten Baum, als die Planierraupe kam.
»Nur über meine Leiche!« sagte er.
Zeugen konnten später vor Gericht bestätigen: Der Techniker hatte nur das ausgeführt, was der Baumschützer sagte.

* * *

42. DAS VOLLAUTOMATISCHE SCHIFF

Eine bunte Gesellschaft von Damen und Herren zieht schäkernd und lachend zum kleinen Hafen hinunter, um die Bootsfahrt, Krönung ihrer Reise, anzutreten. Während sie auf den Steg hinausschlendern und sich übers Geländer beugen, wollen wir uns die Zeit nehmen, sie näher zu betrachten: Ladenneu sind alle angezogen, die Herren im hellen Anzug mit Nadelstreifen, den die Mode dieses Sommers empfiehlt, die Damen im sportlichen Hosenanzug für Anspruchsvolle oder im aktuellen Streifenkleid von perfekter Eleganz.
Unter uns gesagt: Sie sind Parvenus. Sie wohnen weit feudaler als ihre Eltern, die wiederum luxuriöser leben als die Großeltern (von weiteren Ahnen ganz zu schweigen). Ihre Kinder – sofern sie Kinder haben – …
Aber da kommt schon das Schiff, hell und blinkend von technischem Komfort, durch das Wasser gezogen; fast unhörbar, wie ein Schwan, legt es an, die Magnete haften am Steg.
Ein freundlicher Herr im Matrosendreß erwartet die Gäste an Bord. Am Ufer aber macht sich ein anderer Herr nützlich. Dienernd, mit hilfsbereiter Hand leitet er einen jeden

hinüber und raunt jedem dabei etwas ins Ohr, ganz leise und persönlich, und jeder reagiert mit plötzlicher Unruhe. Wer ist es? Nein, er gehört nicht zur Mannschaft. Als er den letzten Fahrgast hinübergeleitet hat, hinkt er davon.

Ein Hornsignal zeigt an, daß das Boot fahrbereit ist, und langsam, geräuschlos löst es sich vom Ufer und gleitet hinaus. Es ist ein Schiff neusten Typs. Schneller sei es, praktischer als andere, extrem personalsparend, kostbar in jeder Beziehung, verrät der Herr im Matrosendreß, der jetzt an den Kontrolluhren steht. Er ist Steuermann, Kapitän und Besatzung in einem. Die Erfrischungen, verspricht er, warten bereits auf dem Zwischendeck, wohin denn auch alle hinunterdrängen.

Es ist wahr, der Schiffstechniker hat nicht gelogen: Das Schiff ist von fortschrittlichster Bauart. Ohne das stampfende Tösen des Motors, ohne Gestank von Dieselruß, der sonst auf Seereisen so lästig wird, wie von Zauberhänden beschleunigt, verdoppelt es seine Geschwindigkeit, vervierfacht, verachtfacht sie, während doch unter Deck nichts die vornehme Ruhe stört.
Köstlich prangt das Buffet: Kaviar, Hummer und Schinken, Lachs und exotische Früchte, über allem ein Rehrücken, dampfend auf silberner Schüssel.
Gewiß, die Gäste drängen und nehmen sich reichlich. Einem aufmerksamen Beobachter bleibt aber eine gewisse Unruhe nicht verborgen; die Damen wippen nervös mit den Schuhspitzen, die Herren stopfen hastig die Bissen hinunter. Und schon strebt einer zur Treppe, die unters Zwischendeck führt. Und mit lauerndem Blick, ob ihn jemand bemerke, duckt er sich und turnt in die Tiefe. Nicht lange, da folgt ihm ein anderer. Er trifft den ersten drunten in selt-

samer Pose an: die Jacke hat er fortgeworfen, hemdsärmelig kniet er auf den Planken und schlägt mit fiebernder Hast die Klinge eines Bratenmessers in den Boden. Den zweiten verwundert das keineswegs. Er greift in die Tasche, findet nichts, stürzt hinauf, kommt wieder, auch seinerseits eine Klinge in der Faust, und bemüht sich – auch er – das Messer zwischen die Bretter zu bohren und eine der Planken zu heben. Und schon folgt ein dritter, assistiert von seiner korpulenten Gemahlin. Und ein vierter, ein fünfter...

Dem Mann im Matrosendreß, dem Kapitän und Besatzer des vollautomatischen Schiffes, wird schließlich sonderbar zumute, da niemand wieder auf Deck kommt. Außerdem hört er aus der Tiefe des Schiffsbauches seltsame Laute: ein Hämmern und Knacken, Stöhnen, Keifen und Fluchen. Eine Minute, denkt er, kann wohl das Amaturenbrett ohne Aufsicht sein! Und er hastet nach unten.

»Seid ihr wahnsinnig!« schreit er, »da dringt ja schon Wasser ein. Aufhören! Wollt ihr uns alle ersäufen?«
Aber die wütende Gesellschaft läßt sich nicht stören. Nur einer keucht, indem er mit beiden Händen ein Brett in die Höhe biegt: »Machen Sie uns nichts vor! Wir wissen wohl, daß hier zwischen den Planken der Schatz liegt!« Und knickt das Brett in die Höhe. Drei Schritt weiter sprudelt schon Wasser in fingerdickem Strahl. Mit einem Sprung ist der Matrose dort, während die anderen weiterwüten, und preßt seine Hand auf das Leck.
Wie es fortgeht? Ich weiß es nicht. Sie sind noch immer am Hämmern und Schürfen. Und führerlos, gleichwohl vollmechanisch, treibt das Schiff übers Meer.

* * *

WIR MITTEN IM LEBEN...

»O aus diesem Widerspruch ist ja der Mensch geschaffen; er liebt das Leben um des Todes willen.«
(Ernst August Friedrich Klingemann: Nachtwachen des Bonaventura)

43. DER LEUCHTTURM

Beschwingt von der Hoffnung auf eine weite, lohnende Aussicht, trat die Dame zur Tür des Leuchtturms herein und folgte, leichten Fußes zuerst, den Windungen der Treppe in die Höhe, zwanzig, fünfzig, hundert Stufen.
Als ihr Schritt unter der wachsenden Anstrengung ruhiger wurde und sie schließlich, um neue Kraft zu schöpfen, stehen blieb, stutzte sie und horchte in die Tiefe, denn ihr war, als habe sie jemanden gehört. Richtig: ein hartes, trockenes Geräusch näherte sich von unten Stufe um Stufe.
Die Dame, die keinen Wert darauf legte, von einem Fremden eingeholt zu werden, nahm ihre Wanderung nach oben wieder auf. Doch immer näher folgte ihr der Schritt des Unbekannten. Sie steigerte ihr Tempo – der Verfolger auch. Sie hetzte höher – jener andere nach, bis sie mit letzter Anstrengung die Kuppel erreichte, von der nachts das Leuchtfeuer die Bahn der Schiffe lenkte.
Die Hände gegen den stechenden Brustkorb gepreßt, wich sie an die Wand zurück und wartete, die Augen groß zum Treppenaufgang gerichtet.
Nur Augenblicke noch, und der Verfolger tauchte aus der Tiefe, eine mächtige Gestalt im schwarzen Überwurf. Die Dame starrte, duckte sich entschlossen, sprang auf ihn zu. »Ich will nach unten«, keuchte sie, »bitte machen Sie Platz!« Doch der Fremde blieb in voller Breite auf der letzten Schwelle stehn.
»Sie kommen nicht – kein Wesen kommt – an mir vorbei«, sprach er und hob die dürren Hände aus den Falten seines Umhangs ihr entgegen.
Die Dame öffnete mit zitternden Händen ihre Tasche, griff nach der Börse, streckte sie ihm hin: »Rasch, nehmen Sie und lassen Sie mich fort!«

Doch achtlos blieben seine Hände. Die Börse entfiel ihr, öffnete sich beim Aufschlagen, und beide lauschten den Münzen nach, die in die Tiefe schepperten und klirrten.
»Erbarmen!« schrie die Dame auf.
Der Feind stand ungerührt.
Sie schloß die Hände schützend um den Hals. »Gibt es sonst keinen Ausweg?«
»Doch, einen«, sprach der Fremde, und er wies mit langem Finger nach der äußeren Plattform hin, »Sie könnten springen.«

* * *

44. DAS STEINZEITGRAB

Den Besucher eines vorhistorischen Grabes bewegte die Frage, weshalb die Menschen jener Vorzeit die Gräber ihrer Angehörigen mit schweren Steinen verschlossen hatten.

»Vermutlich fürchteten die Leute, der Geist des Toten könne sonst entweichen und den Hinterbliebenen Schaden zufügen«, erklärte die Fremdenführerin.

»Diese Sorge erscheint mir nicht unbegründet«, meinte darauf der Besucher, »nicht selten frißt ja das Tote das Lebendige.«

* * *

45. DER PUTZER VON WESTMINSTER ABBEY

In Westminster Abbey – 1056 zur Ehre Gottes vollendet – zog, als ihre Zeit gekommen war, die Renaissance ein. Zu lange schon, sagte die Renaissance, hat der Mensch seine Größe verleugnet, zu lange sein Licht unter den Scheffel gestellt. Hier steht er, Gottes Ebenbild, mit aufrechtem Nacken, der schöpferische Mensch vor seinem Schöpfer, der Mächtige vor dem Allmächtigen, der autonome Mensch, der des Mittlers nicht länger bedarf.
Und die Renaissance begann damit, das Gotteshaus zum Memorial menschlicher Größe zu machen, das sich in Boden und Wände und Nischen einnistete. Es gibt keine zweite Stätte, die soviel menschliche Größe vereint:
Du schreitest über weltberühmte Namen, liest in Goldlettern an den Wänden den Ruhm der Feldherrn, Ritter und Seehelden. Verwundert irrt dein Blick an quellenden Gipswolken hinauf, wo Pallas Athene einem Sieger den Lorbeerkranz reicht. (Wahrscheinlich ist sie inzwischen getauft, die Göttin.) Du siehst den farbenprächtigen Ritter an der Seite der Gattin ruhen, sie freilich zwei Handbreit tiefer als er, weil der Mann einzig und eigentlich Abbild Gottes ist, die Frau hingegen nur seines. In Ewigkeit. Amen.
Dort hat Captain Cook nach weltweiten Fahrten sein Grab gefunden. Neben ihm fletscht der Tod sein zahnloses Maul auf einem Sarkophag. Ein Tropaion dekoriert daneben die Ruhestätte eines Staatsmannes.
Fast schlicht erscheinen, verglichen mit den Helden des Empire, die Königinnen in ihren Kammern, links Elizabeth, die Gründerin des Weltreichs, rechts ihr Opfer, Maria, die unglückliche Queen of Scotch, schön noch in ihrem steinernen Bilde.

Der Reigen setzt sich fort. Du schreitest über die Heroen aller Künste; Wordsworth hat eine Bodenplatte, Händel komponiert dort oben in mächtig wallenden Gewändern.

Und dann erblickst du ihn, vielleicht, John Metcalf, Putzer von Westminster Abbey, bei seiner täglichen Amtshandlung. Er trägt den Federwisch, das Zeichen seiner Würde, und wedelt Staub der irdischen Vergänglichkeit von allen Gräbern. Er reckt sich hinauf zum Fuß der Athene, fährt pietätvoll über Cook und die Ritter, streicht selbst dem Tod durch sein zahnloses Maul. Und ehrfürchtig putzt er die Königinnen und Eduard den Bekenner.
John Metcalf lächelt dabei unnachahmlich. In seinem Lächeln verbirgt sich schwarzer Humor, der sich des Ungeziemenden bewußt ist; in seinem Lächeln liegt Entschuldigung, daß er, John Metcalf, es wagt, den Exzellenzen und Majestäten durchs Gesicht zu fahren. – Sorry, Myladies and Gentlemen!
Auch John Metcalf ist ein Ebenbild Gottes, bestellt zum Meister über Helden, Dichter und Königinnen.

***

46. DIE SPUREN IM STAUB

Eine Königstochter war schon in kindlichem Alter an einen fernen Fürsten verlobt worden. Der Brautwerber hatte verbürgt, daß sein Herr der mächtigste Fürst auf Erden sei, daher konnten die Eltern des Kindes den Antrag unmöglich ausschlagen. Auf die Frage, wann der Bräutigam seine Braut heimholen werde, sagte er, sie müsse jederzeit bereit sein.

Die kleine Prinzessin wuchs heran, wurde erwachsen und älter, ohne daß mehr als ein gelegentlicher Gruß sie daran erinnerte, daß jemand auf sie ein Anrecht habe.

Eines Tages, als sie am allerwenigsten daran dachte, stand der Unterhändler vor ihr, ein düsterer Mann, der ihr Angst einflößte.
»Rüste dich, Königstochter«, sagte der Bote, »heute noch soll ich dich meinem Herrn zuführen.«
Die Prinzessin begann bitterlich zu weinen und versuchte, den Fremden zu vertrösten; aber er bestand auf dem alten Vertrag.
»Laß mich von meinen Eltern Abschied nehmen!« bat sie.
»Beeil dich«, erwiderte der Fremde, »mein Herr ist ungeduldig nach dir und gibt keinen Aufschub.«
Die Königstochter eilte ins Schloß und irrte durch alle hundert Gemächer, fand aber ihre Eltern nicht. »Der König und seine Gemahlin sind ausgeritten«, gab ein Diener Bescheid. Nur mit Herzklopfen kehrte sie zu dem Boten zurück.
»Laß mich noch meinen Brautschatz ordnen, Schmuck und Kleider einpacken und alles, was mir teuer ist!«
»Mein und dein Herr bedarf keiner Schätze«, winkte der Fremde ab, »du genügst ihm mit leeren Händen.«
»So erlaube, daß mich meine Gespielinnen begleiten«, flehte die Prinzessin, »damit ich mich in der Fremde nicht fürchte!«
»Du mußt diesen Weg allein mit mir gehn«, erklärte der Bote, »Gesellschaft findest du genug im Reich meines Fürsten. Komm und zögere nicht länger!«

Da umfaßte die Prinzessin mit einem Blick des Abschieds das heimatliche Schloß, bevor sie dem Brautwerber folgte.

Es kam sie hart an, daß sie den Weg zu Fuß gehen sollte. Dann aber brachte es sie auf einen Gedanken.
»Nur eines gib zu«, sprach sie zu ihrem Begleiter, »daß ich die Schuhe ausziehe! Sie sind eng und so spitz, daß ich mit ihnen nicht wandern kann.«
Der Bote zog die Brauen hoch, aber ließ es geschehn, ja er trug ihr die Schuhe voran, und die Königstochter trippelte ihm nach. Mit Freuden erkannte sie den Abdruck ihrer Füße im Staub der Straße, als sie sich umsah, unverkennbar für alle, die sie liebten. Denn niemand hatte so zierliche Füße wie die Tochter des Königs.
Wer mich liebt, wird mich finden, seufzte die Prinzessin bei sich. Und sie bat den Wind, sich zurückzuhalten, und die Wolken, den Regen fest zu verschließen, bis die Augen der Liebe die Spuren gefunden hätten.

* * *

II. Interpretationen und weiterführende Texte

Zu 1: DAS SCHMUGGLERGEPÄCK

Warum Parabeln?

Parabeln sind uns vor allem aus der Bibel als »Gleichnisreden« geläufig. Jesus, wie jüdische Lehrer im allgemeinen, liebte die Bildrede. Als seine Jünger ihn fragten, weshalb er zum Volk in Gleichnissen spreche, gab er eine zunächst befremdende Antwort: »Euch ist es gegeben, die Geheimnisse des Himmelreichs zu erkennen; ihnen aber ist es nicht gegeben. Denn wer hat, dem wird gegeben, und er wird Überfluß haben; wer aber nicht hat, dem wird auch noch weggenommen, was er hat« (Mt 13,11–13).
»Gebt also acht, daß ihr richtig hört«, heißt es ergänzend bei Lukas (Lk 8,18). Eine Grundvoraussetzung ist also erforderlich, damit die Saat der Gleichnisse aufgeht: Der Empfänger der guten Botschaft muß hören w o l l e n .

Die Erzählweise des biblischen Gleichnisses geht von der Vorstellung aus, daß die Schöpfung in Analogie zum Schöpfer und seinen Plänen steht.
Weithin trifft auch für die profane Parabel zu, was für die biblische gilt: Sie ist eine Geschichte mit doppeltem Boden, beruht auf der Analogie. Sie enthüllt und verhüllt.

Daß bestimmte Epochen und Autoren diese verschlüsselte Aussageform bevorzugten, hat viele Gründe:
Parabeln reizen, ähnlich den Rätseln, zum Aufspüren der Bedeutung, regen also zum Nach-Denken an.
Bilder haften länger und intensiver als abstrakte Aussagen.
Die Parabel bringt bestimmte Erkenntnisse »auf den Punkt«. (Man darf sie daher nicht überstrapazieren).

Die Parabel ist eine didaktische Literaturgattung, ihre erzählerische Form verhindert aber penetrantes Moralisieren.
Die Unschärfe der Erzählform wird der Darstellung psychologischer Phänomene besonders gerecht. Oder politische Kritik läßt sich in kleinen Geschichten unverfänglicher verpacken.

Biblische Texte: Matthäus 13, 34–35; 44–46; 51–52

* * *

Zu 2: DIE SCHERE

Die Frage, was Gegenwart sei, an welchem Punkt wir die Zeit in den Griff bekommen, ist ein philosophisches Gespräch wert. Denn die Beobachtung, daß unser Leben verrinnt wie Wasser, ist beklemmend; wir halten Ausschau nach einer Insel im Strom.
Die Theoretiker starren auf das Phänomen, finden aber keine Antwort auf ihre Frage. Es scheint keine Konstante »Gegenwart« zu geben.
Der Schneider, der Mann der Praxis, geht von der Erfahrung aus: Wo es weh tut, schmerzlich echt, dort ist Gegenwart. Die Wirksamkeit der Schere beruht darauf, daß ihre Messer nur an einem (gleitenden) Punkt zugreifen; der Mann setzt sich diesem Zugriff überzeugend aus.

Nicht in der Reflexion, in der unmittelbaren Erfahrung packen wir das Leben. Es kommt nur darauf an, was wir in diesem Augenblick tun; wir verpassen unsere Aufgabe, wenn wir nur rückwärts oder vorwärts starren.

Text 1:
Der Augenblick ist mein, und nehm' ich den in acht,
So ist Der mein, der Jahr und Ewigkeit gemacht.
Andreas Gryphius

Text 2:
Die meisten Menschen leben nicht in der Gegenwart; sie bereiten sich darauf vor, demnächst zu leben.
Jonathan Swift

Text 3:
Herr meiner Stunden und meiner Jahre, ich bitte dich um Sorgfalt, daß ich meine Zeit nicht töte, nicht vertreibe, nicht verderbe. Jede Stunde ist ein Streifen Land. Ich möchte ihn aufreißen mit dem Pflug, ich möchte Liebe hineinwerfen, Gedanken und Gespräche, damit Frucht wächst. Segne du meinen Tag.
Jörg Zink

Text 4:
Die wichtigste Stunde ist immer die Gegenwart, der bedeutendste Mensch immer der, der dir gerade gegenüber steht, und das notwendigste Werk ist immer die Liebe.
Meister Eckhart

Biblische Texte: Markus 8, 11–12, Lukas 17, 20–21

* * *

Zu 3: DIE WEISHEIT DES ALTERS

Stellt sich Weisheit mit den grauen Haaren automatisch ein, und verweigert unsere Zeit ihr den Respekt? Der Arzt ist skeptisch gegenüber dem oberflächlichen Urteil seines Gesprächspartners. Er setzt den Preis der Weisheit höher an: Sie ist nicht Temperamentlosigkeit, kein Wohlverhalten, zu dem nur augenblickliche Schwäche nötigt. Weisheit ist die Frucht langen Reifens, »ein Wissen um das Wesentliche« (W. Brugger).
In der Bibel gilt Salomo als Exponent gottgegebener Weisheit: Als Gott ihm in seiner Jugend einen Wunsch freigibt, bittet er um Weisheit, um ein »hörendes Herz« (1 Kö 3, 5–12).

Biblische Texte: Hjob 12,12, Weisheit 4, 8–9,
Weisheit 7, 7–10

* * *

Zu 4: DER DACHDECKER

Die Pointe der Parabel beruht auf einem doppelten Wortspiel: »Hohe Fähigkeiten« kann sowohl die Fähigkeit des Mondsüchtigen, auf Dächern zu balancieren, bedeuten, als auch hohe Begabungen auf geistigem, geistlichem, künstlerischem Gebiet. – Nicht nur ein Schlafwandler, auch ein Kind ist »noch ungeweckt«, solange es seine Naivität und Unbefangenheit nicht verloren hat. Ließe sich also das Bonmot des Handwerkers auf hohe Fähigkeiten eines Kindes anwenden? Kinder sind für uns die stets Kleineren, Schwächeren, der Hilfe Bedürftigen. Sie rühren und ent-

zücken uns vielleicht, aber sie werden nie ganz ernst genommen.
Anders bei Jesus. Die Szene ist berühmt, in der er ein Kind in die Mitte seiner Jünger stellt und erklärt: »Wenn ihr nicht umkehrt und wie die Kinder werdet, könnt ihr nicht in das Himmelreich kommen.« (Mt 18,1–4) Ein Kind als Vorbild für Erwachsene? Mutet Jesus uns Infantilismus zu? Oder was können wir von Kindern lernen?
Es ist die fundamentale Einfachheit und Offenheit des Kindes, die wir wieder lernen müssen, echte Demut, die für den Erwachsenen Größe erfordert: Kind sein vor Gott, sich von ihm abhängig wissen, sich in seiner Hand geborgen fühlen. Man beachte im übrigen, daß es nicht heißt, »bleibt«, sondern »werdet« wie Kinder und »kehrt um!« also Rückwendung zur Begabung des Kindes.

Text 1:
Ein Beispiel zur »Ungewecktheit« im Künstlerischen:
Zu Gustav Adolf Weinert, einem Maler von Rang, der zeitweilig Lehrer an der Bremer Kunsthochschule war, führte eine Studentin ihre jüngere Schwester, eine Schülerin von 15 Jahren. Das Mädchen hatte eine Mappe voller Zeichnungen und Aquarelle mitgebracht, die der Lehrer begutachten sollte. Weinert betrachtete die Arbeiten mit großem Interesse und kaufte der Schülerin mehrere Blätter ab.
Nachdem sie wieder gegangen war, erklärte er seinen Studenten: »Dieses Mädchen müßte man bei guter Nahrung und Pflege mit Malmaterialien – einsperren. Wenn es gelänge, sie daran zu hindern, Bilder in Büchern und Galerien zu sehn, könnte sich aus diesen Anlagen Großes entfalten. Sonst aber wird sie vergleichen, ihr Selbstvertrauen verlieren und nachahmen, Mittelmaß bleiben.«

Text 2:
Gott, ich komme zu Dir wie ein Kind, das ich nach Deinem Willen werden soll; wie das Kind, zu dem der wird, der sich Dir hingibt. Ich gebe alles auf, worin ich meinen Stolz setzte, und was, bei Dir, meine Schande ausmachen würde. Ich lausche und unterwerfe Dir mein Herz.
André Gide

Text 3:
Mache aus mir einen Regenbogen, in dem sich alle Farben spiegeln, in die sich Dein Licht bricht!
Helder Camara

Biblische Texte: Richter 6,14, Markus 10, 13–16

* * *

Zu 5: DAS VERWANDELTE ZIMMER

Die Parabel stellt eine Situation dar, in die man sich leicht hineinversetzen kann: Der Verlust der Freiheit kann ein Paradies zur Hölle machen – sofern der Vogel nicht einen goldenen Käfig vorzieht.
In Diktaturen zum Beispiel ist für den Willfährigen scheinbar optimal gesorgt, er wird gefördert, hat Aufstiegsmöglichkeiten und kann in materieller Sicherheit leben. Dennoch geben Dissidenten und Kritiker dem freien Wort und der freien Entscheidung – selbst unter bittersten Konsequenzen – den Vorzug. In einem gewissen Sinne sind sie die Freien. Ihr Verhalten beweist, daß innere und äußere Freiheit nicht deckungsgleich zu sein brauchen und Montesquieu nicht recht hat, wenn er die Freiheit als das Recht

definiert, »zu tun, was die Gesetze erlauben«. Schlimmer als der Entzug der äußeren Freiheit wäre für den selbständigen Geist der Verrat der inneren.

Text 1:
Das Unglück des Menschen beginnt damit, daß er unfähig ist, mit sich selbst in einem Zimmer zu sein.
Blaise Pascal

Text 2:
In Claudels Drama »Der seidene Schuh« gerät Don Rodrigo nach einem abenteuerlichen, vom Ehrgeiz umgetriebenen Leben in Gefangenschaft. Zur Verwunderung des Soldaten, der ihn bewacht, ruft er aus: »Nie sah ich so etwas Herrliches. Es ist, als offenbare sich der Himmel mir zum ersten Mal. Ja, es ist eine schöne Nacht für mich, in der ich endlich meine Verlobung mit der Freiheit begehe.«
Paul Claudel: Der seidene Schuh. Salzburg Otto Müller 1939, S. 372

Text 3:
Aus einer Predigt über den Text: »Denn der Herr ist der Geist, wo aber der Geist des Herrn ist, da ist Freiheit« (2 Kor 3,17): Wer dem Herrn begegnet, wird frei und nicht unterworfen. Dieser Vorgang ist in der Geschichte der Religionen einzigartig. Die Götter der antiken und modernen Welt zwingen die Menschen in ihre Botmäßigkeit. In einem engen Kreis, der durch Vorschrift und Ritual bestimmt ist, werden die Gläubigen festgehalten. Ganz anders geht der Gott der Bibel mit seinem Volk um. Israel hört im ersten Gebot: »Ich bin der Herr, dein Gott, der ich dich aus Ägyptenland, dem Diensthause, geführt habe.« Gott befreit, er versklavt nicht. Nicht im Alten Testament, auch nicht im Neuen. Wer Christi Wort hört, wird frei. So wird der

Umgang mit der Freiheit zum Kennzeichen des Christentums.

Pastor Abramzik: Rede am 4.9.83 im Bremer Dom. Domnachrichten

Biblische Texte: Exodus 20,2, Deuteronomium 5,6,
Galater 5,1

* * *

Zu 6: DAS RAD

Das Bild des Rades mag uns helfen, manches Paradox annehmbar (nicht verständlich!) zu machen:
Wenn die Zeit, abendländischer Vorstellung gemäß, auf einer Geraden verliefe, gäbe es Anfangs- und Endpunkt und das Problem des Vorher und Nachher.
Und wenn es Zeit gibt, wie kann dann Gottes Ewigkeit Zeitlosigkeit sein?
Wenn meine Handlungen (wenigstens teilweise) frei und verantwortlich sind, wie kann Gott sie vorherwissen?

Der Begriff des »unbewegten Bewegers« stammt aus dem Gottesbeweis des Aristoteles (Metaphysik); Thomas von Aquin übernahm diesen in seinen »Quinque viae«, seinen fünf Gottesbeweisen. Als »Beweis« genügt er allerdings dem modernen Denker nicht mehr, ebensowenig wie spätere Gottesbeweise.

Biblische Texte: Kohelet 3, 1–8

* * *

Zu 7: DER LEICHTATHLET

Jeder Schüler weiß, daß er im sportlichen Wettkampf bessere Ergebnisse erzielt, wenn ihm andere voraus sind und er sich also in seinen Leistungen nach oben orientieren muß. Leistungssteigerung ist oft nur mit dem Mittel der Überforderung erreichbar.
Das gilt auch im ethischen Bereich. »Wir bleiben nicht gut, wenn wir uns nicht bemühen, besser zu werden«, schreibt Gottfried Keller.
Auch Jesus benutzt die Überforderung als Stimulans: »Ihr sollt vollkommen sein, wie es auch euer himmlischer Vater ist.« (Mt 5,48)

Hierher gehört auch die Forderung an den christlichen Politiker, Religion und Politik nicht zu trennen, weil die Forderungen der Religion angeblich nicht realisierbar sind. Bismarck hat es sich zu leicht gemacht in seiner bekannten Entscheidung: »Mit der Bergpredigt kann man nicht regieren.«

Text 1:
»Man muß vom Menschen alles verlangen, wozu er fähig ist, und ihn dabei doch so akzeptieren, wie er ist.«
Elie Wiesel

Text 2:
»Ich weiß nicht, ob es möglich ist, in unserer Gesellschaft zu leben und sich ohne Scham auf die Bergpredigt zu beziehen. Es ist wahrscheinlich ein zu hochgestecktes Ziel. Aber es muß einen Horizont geben, damit man überhaupt noch weiterdenkt.«
Rolf Hochhuth: In einem Interview. Publik-Forum 23/91

Text 3:
»Ein neues Verhalten des einzelnen bewirkt neue Verhältnisse in der Gesellschaft. Mit dieser Forderung soll das, was bisher 'Schriftgelehrte und Pharisäer' für gerecht hielten, korrigiert werden. Matthäus schließt das Wort von der Feindesliebe mit der überraschenden Begründung: 'Ihr sollt also vollkommen sein, wie es auch euer himmlischer Vater ist.' So etwas ist in der Religionsgeschichte eine Revolution: Hier ist nicht asketische Vollkommenheit gemeint, sondern ein Heil-Sein und Ganz-Sein im hebräischen Sinne. 'Shalom' heißt als Verb: ganz, heil, vollständig machen. Man könnte auch Intaktsein oder Wohlergehen sagen. Das Ganz-Sein des Menschen soll dem Ganz-Sein Gottes entsprechen. Hier ist d a s neue Gottesbild und d a s neue Menschenbild Jesu. D i e s e m Gott und d i e s e m Menschen ist im Religionsunterricht kaum einer von uns begegnet.«

Franz Alt: Frieden ist möglich. Die Politik der Bergpredigt. München/Zürich Piper 1983, S. 88

Biblische Texte: Micha 6,8

* * *

Zu 8: DER MÜHLSTEIN

Das Dorf Okel bei Bremen war bekannt für seine beiden großen, schönen Mühlen – von denen heute nur noch eine steht, mit demontierten Flügeln. In der inzwischen verschwundenen Mühle lebte einen Sommer hindurch wirklich ein junges Paar in der dargestellten Weise, unbekümmert durch Größe und Gewicht des ungeheuren Steines »ob ihren Häuptern« (für den ein Müller die genauen Maße verriet).

Ist es nicht unser aller Situation: leben unter dem Damoklesschwert oder dem Mühlstein? Individuell bedroht vom Morgen bis in die Nacht durch tausend lauernde Gefahren, politisch bedroht durch wirtschaftliche, soziale, außenpolitische Krisen, bedroht als Bewohner des Planeten Erde durch ökologische und kosmische Katastrophen.
Und doch leben wir relativ unbekümmert und arglos (abgesehn von einigen Sekten, die Endzeit-Panik für die Mitgliederwerbung schüren). Und wer will es uns verdenken? Den Tag bewußt nutzen, ohne die Begrenztheit der Zeit aus den Augen zu verlieren, wäre die angemessene Haltung.

Biblische Texte: Kohelet 9, 7–10, Lukas 17, 26–30

* * *

Zu 9: DIE STRASSE DER HOFFNUNG

Der ungarische Dichter Alexander Petöfi beantwortete die Frage, was Hoffnung sei: »Eine feile Dirne«, sie locke jeden, lasse sich mit jedem ein, und habe man ihr das Kostbarste, seine Jugend, geopfert, so werde man von ihr verlassen.
Es überrascht, zu lesen, daß Petöfi dies als junger Mann schrieb; er ist nur 26 Jahre alt geworden. Andererseits ist wohl eine so leidenschaftliche Resignation nur einem jungen Menschen möglich.
Petöfis Anwurf gegen die Hoffnung entspricht dem Urteil des ersten Gesprächspartners unserer Parabel.
Die Grundstimmung der Resignation und Hoffnungslosigkeit hat heute und in unseren Breiten viele, besonders junge, Menschen ergriffen. Nicht Not oder Mangel lösen sie aus,

sondern der Verlust an Zielvorstellungen, Idealen und Werten. Viele Menschen sind wunschlos unglücklich.

Der verdrossene Zeitgenosse in unserer Parabel unterscheidet sich von seinem Gesprächspartner nicht durch schlechtere Lebensumstände, sondern dadurch, daß er lustlos, ohne Erwartungen, seine Straße zieht. Mit »schöneren Aussichten« (vage genug!) rechnet er kaum noch. – Der andere schreitet zielstrebig voran im Bewußtsein, daß der Weg an einen Ort der Sinnerfüllung führt. Er verbindet mit diesem Ziel positive Vorstellungen. Selbst in Enttäuschungen bleibt er auf dieses Ziel fixiert wie die Kompaßnadel auf den Nordpol.

Text 1:
(Wir können ersehen,) warum es berechtigt ist, die Hoffnung als eine Tugend zu betrachten: darum nämlich, weil jede Tugend die Besonderung einer bestimmten inneren Kraft ist, und weil »in der Hoffnung leben« bedeutet, daß wir es fertigbringen, in den Stunden der Dunkelheit dem treu zu bleiben, was ursprünglich vielleicht nur eine Inspiration, eine Begeisterung, eine Verzückung war. Aber diese Treue selbst kann ohne Zweifel nur mit Hilfe einer Zusammenarbeit durchgeführt werden, deren Prinzip das Geheimnis ist und stets bleiben wird: einer Zusammenarbeit nämlich zwischen einem guten Willen, der schließlich der einzige uns mögliche positive Beitrag ist, und jenen Initiativen, deren Ursprung unserem Zugriff entzogen ist und da liegt, wo die Werte Gnaden sind.

Gabriel Marcel: Philosophie der Hoffnung. München List 1959, S. 71

Text 2:
Ich wünsche mir, daß Du Dein Leben als eine Wanderschaft verstehst, die Dir hilft, immer wieder loszulassen, aufzubrechen und Neues zu entdecken. Daß Du auf Deiner Wanderschaft getragen werdest von der Hoffnung auf jenes bleibende Zuhause, das Gott Dir gibt, wünsche ich Dir!

Ein norddeutscher Pastor in einem Erinnerungsblatt für seine Konfirmanden und Konfirmandinnen.

Biblische Texte: Genesis 12, 1–4, Matthäus 7, 13–4,
Matthäus 21, 28–32, 1 Petrus 1, 3–4

* * *

Zu 10: DIE KLEINE KIEFER

Die Geschichte der jungen Kiefer kann verschiedene Assoziationen hervorrufen. Zum Beispiel mag jemand an die Selbsthilfe der Natur denken, die widrigste Umstände aus innerer Vitalität überwindet: abgesägte Bäume, die wieder ausschlagen, zarte Pflanzen, die den Asphalt der Straße durchbrechen. Ich beobachtete eine Mohnpflanze, die sich im engen Spalt zwischen betoniertem Boden und einer Mauer angesiedelt hatte. Sie brachte – nahezu ohne Erde – im Laufe des Sommers über 800 große Blüten hervor.

Das Beispiel der Pflanze kann aber auch an die innere Kraft von Menschen erinnern, die nach harten Schicksalsschlägen wieder das Haupt heben,
oder an die Gnade Gottes, die als Gesetz, »himmelwärts zu streben«, in Glück und Unglück wirksam bleibt.

Text 1:
Bei den Olympischen Spielen von Helsinki stürzte während des 5000-Meter-Laufes der Engländer Chatawey, der zuvor geführt und schon als Sieger gegolten hatte. Er blieb nicht verzweifelt liegen. Er ging nicht weinend von der Aschenbahn. Er stand wieder auf und lief – ein Lächeln auf dem Gesicht – hinter den drei Siegern her durchs Ziel. Am nächsten Tag schrieb eine finnische Zeitung: »Der eigentliche Sieger war Chatawey. Er hat in seiner Niederlage über sich selbst gesiegt.«

J. Feige/R. Spennhoff, (Hrsg.): Ja zu jedem Tag. Stuttgart Verlag Katholisches Bibelwerk 1984, S. 22

Text 2:
In der neunten Klasse einer Schule, an der ich längere Zeit unterrichtete, hatte ein Junge beim Fußballspielen einen harten Schuß in den Unterleib bekommen. Dieser Sportunfall hatte eine Krebserkrankung zur Folge, an der der Schüler nach wenigen Monaten starb. Der Nachruf einer kirchlichen Jugendgruppe, in der er engagiert gewesen war, setzte mich in Erstaunen: Die Freunde des Jungen zitierten ein Wort, das der Vierzehnjährige während ihres letzten Besuchs zu ihnen gesprochen hatte: »An einem Grab soll man nicht weinen, sondern Hosianna singen. Wir sind doch Christen!«

Biblische Texte: Markus 4, 30 –32

***

Zu 11: DER HUMORIST WIDER WILLEN

Es ist die Tragik mancher Menschen, daß ihnen Hilferufe, Warnungen, ernsthafte Botschaften nicht abgenommen werden, weil die Mitmenschen sie auf eine bestimmte Rolle festgelegt haben:
Jeremia sah die Unterwerfung Judas durch Nebukadnezar, den Untergang Jerusalems und die Verschleppung der Bevölkerung nach Babylon voraus, aber die führenden Kreise seines Volkes setzten ihre verfehlte Politik fort, denn Jeremia galt als chronischer Schwarzseher, während die falschen Propheten mit ihren Glücksbotschaften bereitwilligen Glauben fanden.
In unseren Tagen werden die Warnungen der Ökologen verdrängt, denn »Grüne« gelten als »Spinner«.
In Harvey Cox' Parabel von der komischen Figur des Christen findet der Clown kein Gehör, weil man ihn auf die Rolle des Spaßmachers festlegt – im übertragenen Sinn: Die christliche Botschaft wird verkannt, weil wir Christen uns oft lächerlich ausnehmen.
In unserer Parabel schließlich begreifen die Menschen nicht, daß sich unter Gelächter ein Hilferuf verbergen kann. Einem Menschen, der nicht jammert, nimmt niemand seine Not ab. Verschämte Armut, verschämtes Unglück bleiben unentdeckt.

Text:

Ein Reisezirkus brach in Flammen aus, nachdem er sich am Rande eines dänischen Dorfes niedergelassen hatte. Der Direktor wandte sich an die Darsteller, die schon für ihre Nummer hergerichtet waren, und schickte den Clown ins Dorf, um Hilfe beim Feuerlöschen zu holen, das nicht nur den Zirkus zerstöre, sondern über die ausgetrockneten Felder rasen und die Stadt selber vernichten könnte. Der angemalte Clown rannte Hals über Kopf auf den Marktplatz und rief allen zu, zum Zirkus zu kommen und zu helfen, das Feuer zu löschen. Die Dorfbewohner lachten und applaudierten diesem neuen Trick, durch den sie in die Schau gelockt werden sollten. Der Clown weinte und flehte, er versicherte, daß er jetzt keine Vorstellung gab, sondern daß die Stadt wirklich in tödlicher Gefahr war. Je mehr er flehte, desto mehr johlten die Dörfler, bis das Feuer über die Felder sprang und sich in der Stadt selbst ausbreitete. Noch ehe die Dörfler zur Besinnung kamen, waren ihre Häuser zerstört.

Harvey Cox: Das Fest der Narren. Stuttgart Kreuz 1969

Biblische Texte: Matthäus 11, 16–19

* * *

Zu 12: DIE FREIHEIT DER WAHL

Ohne näher auf das philosophische Problem der Freiheit und entsprechende Definitionen einzugehen, stellt die Parabel jenen Freiheitsbegriff in Frage, zu dem Schüler erfahrungsgemäß neigen: Freiheit bedeutet, tun zu können, was man will.
Schon diesem »Wollen« gegenüber ist Skepsis angebracht: Ist nicht bereits der Wille »nur ein Wollen, weil man eben sollte« (Goethe)? Welcher Freiraum bleibt unserer Wahl nach Abzug der Erbanlagen, der Formung durch Umwelteinflüsse und der Konstellation der äußeren Umstände?

Unserer »freien Wahl« bleibt nur der »Moment der Schwäche«, die Nahtstelle zwischen den ehernen Gegebenheiten. Wer in das Mögliche einwilligt – gläubig gesprochen: den Willen Gottes bejaht – erfährt Freiheit.

Text:
»Das Leben ist mehr Einwilligung als freie Wahl. Wie selten wählen wir! Wir sagen ja oder nein zu den Möglichkeiten, die uns geboten werden. Die einzige Freiheit des Menschen besteht darin, daß er das Segel gespannt hält oder es ermattet sinken läßt. Der Wind kommt nicht von uns.«
Abbé Pierre

Biblische Texte: Lukas 14, 15–24, 2 Korinther 3, 17

* * *

Zu 13: DER PATERNOSTER

Schon die Romantiker verwendeten Bilder monotonen Kreisens als Metaphern für trostlose Erstarrung (Spinnrad, Mühlrad).
Der Lehrjunge in der Parabel tritt »aus dem Bereich des Lichts und der ruhig strömenden Zeit« in den dunklen Flur, der vom Lärm und der Bewegung des alten Liftes beherrscht wird, und gerät in den Sog der kreisenden Mechanik.

Schüler pflegen diese Parabel spontan auf die Situation eines Drogensüchtigen hin zu deuten, der nicht mehr die Kraft aufbringt, aus seiner Abhängigkeit auszusteigen.

Bei längerem Nachdenken erkennen sie im allgemeinen eine weitere Interpretationsmöglichkeit: die Gefahr, der Routine des Alltags mit seinen lähmenden Gewohnheiten zu erliegen und nicht mehr die Initiative zum Neuanfang aufzubringen.
Eine weitere Möglichkeit der Interpretation wäre, die Parabel unter der Perspektive von Schuld und Umkehr zu deuten, als das Versagen dessen, der nicht den Mut zum Ausstieg aus einer verfehlten Lebensform findet.
Denn jeder Aufbruch zu etwas Neuem verlangt den Mut, Früheres hinter sich zu lassen. Besonders gilt das bei der Entscheidung für das Reich Gottes. Sie kann radikales Aussteigen aus allen Sicherheiten erfordern.

Text:
Rabbi Bunam sprach zu seinen Chassidim: »Die große Schuld des Menschen sind nicht die Sünden, die er begeht – die Versuchung ist mächtig und seine Kraft gering! Die große Schuld des Menschen ist, daß er in jedem Augenblick die Umkehr tun kann und nicht tut.«
Martin Buber: Die Erzählungen der Chassidim. Zürich Manesse 1949, S. 755

Biblische Texte: Matthäus 19, 21–22

* * *

Zu 14: DAS SPRUNGTUCH

Mit dieser Geschichte läßt sich besonders gut die Verweisungsvielfalt der Gattung Parabel belegen. »Das Sprungtuch« wurde mehrfach in Zeitschriften veröffentlicht und Schulklassen zur Interpretation vorgelegt. Keine zwei

Erklärungen des Textes waren einander gänzlich gleich. Einige Deutungen seien in kurzer Form angeführt:

a) Distanz des Arrivierten zur Basis. »Die Tatsache, daß er (der Erfolgreiche) in einem oberen Stockwerk wohnt, könnte bedeuten, daß er sich in seinem Beruf sehr weit hochgearbeitet und viele überholt hat. Durch die unerwartete Katastrophe ist er plötzlich auf die Menschen ganz unten angewiesen. Doch der Abstand ist schon zu groß für ihn, so daß er sie nicht mehr verstehen kann.«

Schüler, 17 Jahre

b) Innere Stimme. »Eine schönere Geschichte zur inneren Stimme hab ich noch nicht gelesen.«

Zeitschriften-Verleger

c) Psychische Situation eines Enttäuschten. »Dieser Mensch sucht nach Hilfe, nach Rettung in den Ängsten seines Unterbewußtseins; er versucht vor der Katastrophe, die auf ihn zukommt, zu flüchten. Aber sein Glaube an andere Menschen ist schon zu weit zerstört, als daß er ihnen glauben kann.«

Schülerin, 19 Jahre

d) Isolierende Wirkung von Gerüchten. »Die Flammen verbreiten sich aus kleinen Anfängen: Ein kleines Gerücht wird, durch abermaliges Übertragen auf andere Personen, zu einer immer größeren Katastrophe. – Undurchdringlichkeit der Flammen: Die betroffene Person wird allmählich von der Gesellschaft ausgeschlossen; ihr bleibt nur noch der Sprung aus dieser Gesellschaft.«

Schüler, 17 Jahre

e) Glauben erfordert Mut. »Für mich drückt die Parabel das Wagnis des Glaubens aus, wie Martin Luther es ausgesprochen hat: 'Der Glaube ist ein frei ergeben und fröhlich Wagen auf Gottes unempfundene, unversuchte, unerkannte Güte.'«

Religionslehrerin

f) Situation des Zauderers. »Das Sprungtuch ist eine kurze, bedenkenswerte Geschichte, aus der man lernen kann, daß Zögern nicht nur wie bei Quintus Fabius Cunctator von Nutzen sein kann. Der Mensch muß sich halt entscheiden; wohl dem, der es kann, auch auf die Gefahr hin, einmal etwas Falsches zu entscheiden. Mir ist das als gelerntem Soldaten in Fleisch und Blut übergegangen.«

Schriftsteller, im Krieg Oberst

Ergebnis des Experiments: Die Interpretation einer Parabel braucht nicht die Aussageabsicht des Autors zu treffen; sie ist in jedem Falle richtig, wenn sie die Logik auf ihrer Seite hat.

Text 1:

Geist ist Feuer, Christentum Feuer anlegen. Und vor dieser Feuersbrunst schaudert den Menschen natürlich mehr als vor jeder anderen. Denn ob einer auch zehnmal abgebrannt ist, wenn nur die Lust zum Leben in ihm nicht abstirbt, so kann er vielleicht doch noch ein gemachter Mann werden und zum Lebensgenuß kommen. Aber das Feuer, welches das Christentum anzünden will, ist nicht darauf berechnet, einige Häuser abzubrennen, sondern gerade darauf, die Lust zum Leben abzubrennen – auszubrennen zu Geist.

Sören Kierkegaard: Der Augenblick. Düsseldorf Diederichs 1959, S. 350

Text 2:
Wenn ein Engel zu mir kommt, was beweist mir, daß es ein Engel ist? Und wenn ich Stimmen höre, was beweist mir, daß sie vom Himmel kommen und nicht aus der Hölle oder aus einem Unterbewußtsein oder aus einem krankhaften Zustand? Wer beweist mir, daß sie überhaupt an mich sich richten? Wer beweist mir, daß ich bezeichnet bin, meine Auffassung vom Menschen und meine Wahl der Menschheit aufzuerlegen? Ich werde nie irgendeinen Beweis, irgendein Zeichen finden, um mich davon zu überzeugen.

Jean Paul Sartre: Ist der Existentialismus ein Humanismus? in: Drei Essays, Berlin Ullstein 1968, S. 14

Text 3:
Die Hoffnung, die das Risiko scheut, ist keine Hoffnung. Hoffen heißt, an das Abenteuer der Liebe glauben, Vertrauen zu den Menschen haben, den Sprung ins Ungewisse tun und sich ganz Gott überlassen.

Helder Camara: Die Wüste ist fruchtbar. Graz Styria 1972

Biblische Texte: Genesis 18, 9–15

* * *

Zu 15: DAS UNSICHTBARE NETZ

Die sogenannte Illusion hat ihre Realität: Sie flößt in diesem Falle Vertrauen ein, daher meistert die Kleine spielend die Gefahr. Die Angst, die sich bei »realistischer« Einschätzung der Gefahr einstellen würde, hätte Unsicherheit und reale Gefährdung zur Folge. Was ist Realität, was Illusion?

Woher nimmt der Mensch den Mut zum Drahtseilakt des Lebens? Psychologen sagen, wesentlich sei das »Urvertrauen« in eine gute Schöpfung, das in der Kindheit grundgelegt werde. Wichtig ist Selbstvertrauen. Wichtig ist jene Sicherheit, die man durch Vorsorge schafft. Aber in diesem ganzen »Netz« bleibt eine Lücke. Über alles wichtig ist es zu wissen, daß nichts aus den Händen Gottes fallen kann – in den Augen des ungläubigen »Realisten« freilich eine Illusion.

Text 1:

Ich erhebe mich heute
inmitten der Kräfte des Himmels und der Erde,
im Licht der Sonne und im Glanz des Mondes,
im Leuchten der Feuerglut und im Sprühen der Blitze,
im Brausen der Stürme und im Fluten der Meere –
unter mir die Feste der Erde,
vor mir die Härte der Felsen!

Ich weihe mich heute Gottes mächtiger Führung,
Gottes wachendem Auge,
Gottes lauschendem Ohr,
Gottes schützenden Händen,
Gottes fürsprechendem Wort,
Gottes leitender Weisheit,
Gottes offenen Wegen,
Gottes bergendem Schild,
Gottes rettender Heerschar.

Christus sei mit mir,
Christus sei vor mir,
Christus sei in mir,
Christus sei unter mir,

Christus sei über mir,
Christus zur Rechten,
Christus zur Linken,
Er die Kraft,
Er der Friede!

Christus sei, wo ich liege,
Christus sei, wo ich stehe,
Christus sei, wo ich sitze,
Christus in der Tiefe,
Christus in der Höhe,
Christus in der Weite.

Ich erhebe mich heute in gewaltiger Kraft,
in Anrufung der Heiligsten Dreifaltigkeit.

Morgengebet des Hl.Patrick

Text 2:
Jesus hat den Aposteln nicht vorgeworfen, daß sie ihn aufgeweckt haben, sondern daß sie sich fürchteten (vgl. Mk 4, 38–40).

Maurice Blondel

Biblische Texte: Matthäus 14, 25–31, Markus 4, 26–29, Lukas 12, 22–32

* * *

Zu 16: DER KASTANIENBAUM

Das Erwachen der Natur im Frühling galt den Menschen aller Zeiten und Kulturen als Gleichnis dafür, daß das Leben den Tod überwindet.

Der Pfarrer in unserer Parabel meint, er habe mit dem blühenden Kastanienbaum ein besonders eindrucksvolles Bild zur Veranschaulichung des Osterglaubens gewählt. Aber sein ungläubiger Zuhörer erkennt die Schwachstelle dieser Argumentation: Der Baum ist todverfallen – also kann er, so wie er da steht, auch nur die Todverfallenheit des Menschen »beweisen«.

Der Pfarrer sieht sich durch diesen Einwand genötigt, sein Gleichnis zu korrigieren; indem er die Frucht, die Kastanie, einbezieht, die das Leben tradiert und erneuert, durch Tod und Verwandlung hindurch.

Text 1:
Heute sagen viele, der Tod sei das Ende schlechthin. Der marxistische Dichter Bert Brecht schreibt:
»Laßt euch nicht vertrösten!...
Laßt Moder den Erlösten!...
Laßt euch nicht verführen!...
Ihr sterbt mit allen Tieren...«
Das ist die Hoffnungslosigkeit des Unglaubens und zugleich das Verkennen der tiefsten Sehnsüchte des menschlichen Herzens. Der Mensch, so lehrt das Zweite Vatikanische Konzil, lehnt »die völlige Zerstörung und den endgültigen Untergang seiner Person mit Entsetzen« ab. Der Mensch läßt sich nicht auf »die bloße Materie zurückführen«. Er wehrt sich »gegen den Tod«; denn er trägt in sich

»den Keim der Ewigkeit« (Pastoralkonstitution »Gaudium et spes«, 18)

Joseph Höffner: Die christliche Botschaft vom Sterben. Zeitfragen 12

Text 2:

Die Fussspuren Gottes

Ein französischer Gelehrter durchstreift die Wüste und hat sich als Führer einige Araber mitgenommen. Beim Sonnenuntergang breiten die Araber ihre Teppiche auf den Boden und beten.

»Was machst du da?« fragt er einen.

»Ich bete.«

»Zu wem?«

»Zu Allah.«

»Hast du ihn jemals gesehen – betastet – gefühlt?«

»Nein.«

»Dann bist du ein Narr!« -

Am nächsten Morgen, als der Gelehrte aus seinem Zelt kriecht, meint er zu dem Araber: »Hier ist heute nacht ein Kamel gewesen!«

Da blitzt es in den Augen des Arabers: »Haben Sie es gesehen, betastet, gefühlt?«

»Nein.«

»Dann sind Sie aber ein sonderbarer Gelehrter!«

»Aber man sieht doch rings um das Zelt die Fußspuren!«

Da geht die Sonne auf in all ihrer Pracht. Der Araber weist in ihre Richtung und sagt: »Da, sehen Sie: die Fußspuren Gottes!«

Willi Hoffsümmer: Kurzgeschichten I. 255 Kurzgeschichten für Schule und Gruppe. Mainz Matthias Grünewald [14]1993, S. 65

Biblische Texte: Lukas 13, 6–9, 1 Korinther 15, 35–37; 42–44

Zu 17: DIE MAUS

»Ich denke, daß der Vater auch mir manche Tür geöffnet hat, wenn ich es am wenigsten erwartet hatte und doch Zuflucht bei ihm suchte«, kommentierte eine leiderfahrene Frau diese Parabel.

Das Bild der ausgelieferten Kreatur, das die Unentrinnbarkeit des Schicksals demonstrieren sollte, mündet ins Unerwartete: »Der Vater« durchkreuzt alle Wahrscheinlichkeit; er öffnet die Tür.
Im übrigen ist die Maus an ihrer Rettung nicht unbeteiligt: Sie hat sich keinen Augenblick lähmender Resignation überlassen.

In das Weltbild dieser Parabel gehört auch das Unberechenbare – nicht als Zufall, sondern sinnvolles Geschehen. Kafkas »Kleine Fabel«, die als Konträrtext herangezogen wurde, beruht dagegen auf einem pessimistischen Grundgefühl: Der Tod ist letzte, unausweichliche Konsequenz eines absurden Lebens.

Text 1:
Die Tugend des Alltags ist die Hoffnung, in der man das Mögliche tut und das Unmögliche Gott zutraut.
Karl Rahner

Text 2:
Kleine Fabel
»Ach«, sagte die Maus, »die Welt wird enger mit jedem Tag. Zuerst war sie so breit, daß ich Angst hatte. Ich lief weiter und war glücklich, daß ich endlich rechts und links in der Ferne Mauern sah, aber diese langen Mauern eilen

so schnell aufeinander zu, daß ich schon im letzten Zimmer bin, und dort im Winkel steht die Falle, in die ich laufe.« – »Du mußt nur die Laufrichtung ändern«, sagte die Katze und fraß sie.

Franz Kafka: "Kleine Fabel". Aus: ders., Sämtliche Erzählungen. Frankfurt am Main S. Fischer 1969

Biblische Texte: Hebräer 10, 23

* * *

Zu 18: DER FLIEGENDE TEPPICH

In dieser Märchenparabel geht es um die Flugkraft des Glaubens.

Der kleine Ahmed soll den Mut haben, sich von dem »Verborgenen« beschenken zu lassen – von ihm selbst wird nur verlangt, daß er annimmt und sich auf den Teppich stellt. Zunächst vertraut er tatsächlich der wunderbaren Stimme. In dem Moment aber, in dem es auf seinen ungeteilten Glauben ankommt, wandelt ihn Schwäche an; er will es nicht auf die Probe ankommen lassen. Die Chance eines zweiten Versuches wird ihm genommen, da der Teppich in andere Hände übergeht. Aber sein Vater lächelt »ihm Mut zu«, da er den erneuerten Glauben im Gesicht seines Sohnes abliest.

Wir Christen wissen aus der Theorie, daß Gott uns geben will, um was wir »mit Glauben« bitten. Aber trauen wir Gott zu, daß er unseren Nachbarn, den notorischen Trinker, heilen wird? Trauen wir ihm zu, daß er im »nachchristlichen« Europa die Flamme des Glaubens neu entzünden wird? Wieviele Chancen, Berge zu versetzen, versäumen wir vielleicht, weil wir nicht gläubig genug beten!

Text 1:
Ich setzte den Fuß in die Luft, und sie trug.
Hilde Domin

Text 2:
Psalm 11
Ich vertraue meinem Freund.
Er hat gesagt:
Wenn du in Not gerätst,
was wirst du tun?
Fliehe wie ein Vogel,
fliege davon, weit weg.
Das habe ich nicht geglaubt,
so ist es mir nicht gelungen.
Jetzt vertraue ich darauf:
Schon geht vieles ganz leicht.
Laß mich fliegen zu dir, Freund,
wie ein Vogel.
Gunther Tietz: Die Verteidigung der Schmetterlinge. © Stuttgart Radius 1981, S. 11

Biblische Texte: Psalm 18, 30 Matthäus 21, 21–22 Lukas 13, 20 –21

* * *

Zu 19: DIE EXEGETEN

Die Bedeutung der Theologie soll nicht geschmälert werden, sie erforscht die intellektuellen Grundlagen des Glaubens, sie bewahrt, lehrt, interpretiert die Offenbarung. Sie steht aber immer in Gefahr, in blutleere Theorie zu verfallen und zu vergessen, daß sie Magd ist, nicht Herrin. Sie kann den Glauben nicht herbeizwingen, er ist »Gottes Geschenk« (Eph 2,8). Und sie steht im Dienst der Praxis: Christus forderte »nicht Religionswissenschaft, sondern Religionsausübung«. (Johann Heinrich Pestalozzi)

Text:
Theologie verhält sich zu Religion wie Plastikblüten zu echten; die einen dauern, die anderen duften.
Marlene Straub

Biblische Texte: Matthäus 11, 25–26, Markus 12, 41–44

* * *

Zu 20: DIE ARCHE

Seit die »Natur« nicht mehr das selbstverständliche Umfeld menschlichen Lebens war, also etwa seit dem 18. Jahrhundert, wurde es üblich, sie als eine Art Restbestand des Paradieses zu verklären. Die »friedliche Natur«, das »Buch der Natur«, in dem »in bunten Zeilen manch ein Spruch, wie Gott uns treu geblieben«, abzulesen sei. Natur als Idylle.
Im selben Zeitraum veränderte sich das Gottesbild. Für die Aufklärung war es der Schöpfer, der die Welt ihren Gesetzen überläßt, für die Kaiserzeit der »Alte Gott«, für die Kinderstube der »Liebe Gott«, so verflüchtigte sich das Bild des Herrn, mit dem man rechnen muß.
Die Parabel vom Holzwurm soll auf eine nur scheinbar humorvolle Weise einladen, die harmlosen Bilder von Schöpfung und Schöpfer zu hinterfragen.
Wenn die Arche, wenn die Welt, nur »von Natur« friedliche Geschöpfe trüge, dann würde das Bild stimmen.

Aber die Arche transportiert ja auch Raubtiere, auch Parasiten, auch den Holzwurm, der bereits während der Rettungsaktion an der Vernichtung des großen Schiffes arbeitet – vom Menschen, der nach Meinung der Psychologen »von Natur gut« ist, ganz zu schweigen. Der Schöpfung ist das zerstörende Element schon beigegeben. Sollte am Ende auch das Bild vom harmlosen »Lieben Gott« nicht ganz korrekt sein?
Wenn die Theologen des 14. Jahrhunderts zu sehr mit dem Feuer der Hölle drohten –, die des 20. Jahrhunderts versprechen allzu gern das Heil zu Ausverkaufspreisen. Der Liebe Gott, der Alte Gott scheint die Kraft zum Zürnen verloren zu haben und uns daher alles nachzusehen (nach der Melodie des Karnevalsliedes: »Wir kommen alle, alle, alle in den Himmel«). Es gibt aber Menschen, deren Glaube durch die Betrachtung der Schöpfung, wie sie wirklich ist, mehr noch durch die Betrachtung der Geschichte, schwersten Belastungen ausgesetzt wird. Man kann alles wegdisputieren, auch die Abgründigkeit der Schöpfung und die Unbegreiflichkeit Gottes. Aber wem tut man einen Gefallen damit als sich selbst?

Text:
Unter den Lasten, die den Dichter aus dem Gleichgewicht bringen, ist das Leid der Kreatur eine der schwersten... Wir brauchen nicht weit zu gehen, benötigen weder Fernrohr noch Mikroskop. Lesen wir nur ein Kapitel über Parasiten... Erinnern wir uns nur der alltäglichen, schon oft erzählten Geschichte von den Haien, die sich über die Walrosse werfen, von der Wehrlosigkeit der Seehunde und der Delphine... vom Frosch, der aufrechtstehend wie ein Mensch von dem ihn umschnürenden Egel ausgesaugt wird... von dem geheimnisvollen, aber gewiß nicht schmerzlosen

Untergang der Saurier und der Mammute... Die Bewunderung für die Zweckmäßigkeit, mit der ein Tier zur Vernichtung der andern ausgestattet ist, grenzt an Verzweiflung... Und das Antlitz des Vaters? Das ist ganz unfaßbar.

Reinhold Schneider: Winter in Wien. Neuausgabe Freiburg/Basel/Wien Verlag Herder, 1993

Biblische Texte: Matthäus 16, 1–3 Matthäus 13, 24–30

* * *

Zu 21: DIE ZAPFENPFLÜCKER

Der Bibelkundige wird erkennen, daß es sich bei dem schwierigen Predigttext um das Gleichnis vom ungerechten Verwalter (Lk 16, 1–8) handelt. Nur ein Aspekt der biblischen Erzählung wird herausgehoben: die Klugheit des Verwalters, dem es darum geht, seine Zukunft, sein »Überwintern«, zu sichern; sein Einfall ist tatsächlich pfiffig! Diese Klugheit – nicht den Betrug – findet sein Herr bemerkenswert. Er wünscht, die »Kinder des Lichtes« wären ebenso einfallsreich, wenn es darum geht, das Reich Gottes zu sichern.

Der Pfarrer in unserer Parabel trifft im Walde, der vom ökologischen Tod bedroht ist, eine Rotte von Zapfenpflückern, die Samen sammeln, um sie für den Zeitpunkt einzulagern, wenn sich die Lebensbedingungen für Bäume gebessert haben. Die erwähnten »Überwinterungs«-Stationen gibt es tatsächlich bereits.

Dem Seelsorger wird beim Anblick der Zapfenpflücker das Gleichnishafte ihres Tuns bewußt: Auch in der gegenwärtig ungünstigen Situation der europäischen Kirche kommt es darauf an, den guten Samen zu bewahren, die Zukunft der Kirche einzuplanen. Die Panik mancher Christen angesichts leerer werdender Kirchen und wachsender Kirchenaustrittszahlen zeugt von einer gewissen Kleingläubigkeit, die der Keimkraft des »Samens« zu wenig zutraut. Statt zu resignieren, ist es angebracht, mutig und unbeirrt weiterzuarbeiten.

Text:
Ein junger Mann hatte einen Traum.
Er betrat einen Laden. Hinter der Ladentheke sah er einen Engel stehen. Hastig fragte er den Engel: »Was verkaufen Sie, mein Herr?« Der Engel gab freundlich zur Antwort: »Alles, was Sie wollen.« Da fing der junge Mann sofort an zu bestellen. »Dann hätte ich gern: eine demokratische Regierung in Chile, das Ende der Kriege in der Welt, bessere Bedingungen für die Randgruppen in der Gesellschaft, Beseitigung der Elendsviertel in Lateinamerika, und...« Da fiel ihm der Engel ins Wort und sagte: »Entschuldigen Sie, junger Mann, Sie haben mich verkehrt verstanden. Wir verkaufen hier keine Früchte, wir verkaufen nur den Samen.«
Zitiert nach L. Zirker: Die Bergpredigt. München 1983, S. 81

Biblische Texte: Markus 4, 1–9

* * *

Zu 22: DIE MYSTIKER

Mystik ist für den Materialisten eine irrationale, unnatürliche Verstiegenheit. Der Vorwurf ist nicht neu. Elsbeth Stagel, eine Vertraute des Mystikers Heinrich Seuse, trägt ihrem Lehrer schon vor, es gebe Menschen, die darin ein Hindernis für die Hinwendung zum Nächsten sähen.

Der Gläubige definiert Mystik als innere Erfahrung Gottes, Vereinigung mit Ihm. Sie kann in ekstatischen Formen und mit Visionen erfolgen oder auch, für andere unwahrnehmbar, unter gewöhnlichem Sein und sogar Tätigsein. Immer jedoch wird sie eine Einengung äußeren Interesses und Konzentration auf Gott erfordern. Wer die Sterblichkeit des Leibes und die Ewigkeit der Seele begriffen habe, schreibt Seuse in seiner Vita, gebe diesem »Leibe und all seinem tierischen Wesen Urlaub«; sein inwendiges Wesen sei »mit Betrachtung gerichtet auf den überwesentlichen Geist, wie er diesen findet, wie er ihn begreife und seinen Geist mit jenem Geist vereine.« Es ist einleuchtend, daß die begrenzten menschlichen Seelen- und Geisteskräfte nur »horizontal« für VIELES oder »vertikal« für VIEL, Tiefes und Hohes, ausreichen. Wir lesen bei den Mystikern von unsagbaren Leiden und Freuden, von der »tiefen Nacht« oder (bei Seuse): »Ich schwimme in der Gottheit wie ein Adler in der Luft!«

Im Bild des engen Gefäßes und im Wortspiel des letzten Satzes geht es darum, dem Vorwurf des Irrationalen, Hysterischen entgegenzutreten.

Text 1:
Mystik (griechisch myein: die Augen schließen) bezeichnet dem Wortsinne nach ein tiefinneres, geheimnisvolles Erleben, besonders auf religiösem Gebiet. In einem ganz weiten Sinn versteht man darunter jede Art der inneren Gottvereinigung, in einem engeren Sinn bloß die außergewöhnliche Gottvereinigung... Ob es eine natürliche Mystik gibt und in welchem Sinne, ist zwar umstritten, aber auf Grund der religionsgeschichtlichen Tatsachen wahrscheinlich.

Walter Brugger (Hrsg.): Philosophisches Wörterbuch. Freiburg/Basel/Wien Verlag Herder [5]1992

Text 2:
Christliche Mystikerinnen und Mystiker orientieren sich an der biblischen Botschaft und an der Praxis Jesu. Sie wagen trotzdem vielfältige Formen der Gottesbeziehung und stehen zu dem Schweigen, das sich durch ergreifende Erfahrungen ereignen kann. Die Verwurzelung in den gekreuzigten und auferstandenen Christus führt sie nicht in eine abgehobene Innerlichkeit, sondern auf die Strassen und Marktplätze zu den Menschen, die sich mit Konsum und Ungerechtigkeit abfinden und die den Traum einer zärtlicheren und gerechteren Welt noch nicht ausgeträumt haben.

P. Stutz/A. B. Kilcher: Vom Unbegreiflichen ergriffen. Luzern/Stuttgart rex 1993, S. 14

Text 3:
Der Christ von morgen ist ein Mystiker, oder er ist nicht.

Karl Rahner

Biblische Texte: 2 Korinther 12, 1–5, Galater 2, 20

* * *

Zu 23: DIE FEUERVERSICHERUNG

Der Neid ist eine der häßlichsten Untugenden des Menschen, zugleich aber eine der am meisten verbreiteten. Er nistet sich nie fester ein, als wenn er den Anschein der Gerechtigkeit besitzt. Das gilt nicht nur, wenn dem begünstigten Anderen Gaunerei oder charakterliche Niedertracht vorzuwerfen ist, sondern ebenso, wenn er unverdient »mehr Glück gehabt« hat, wie in unserer Parabel.
Im übrigen kann jeder an sich selbst beobachten, daß Mitfreude sich selten so spontan und selbstlos einstellt wie Mitleid.

Besonders empfindlich ist der Neid, zu dem sich Eifersucht gesellt (der ältere Bruder angesichts der scheinbar ungerechtfertigten Liebe des Vaters für den »verlorenen Sohn«, Lk 15, 25–32) – in der Bibel als Gleichnis für den Heils-Neid. Es widerspricht »kaufmännischem« Denken, daß Gott unser Wohlverhalten nicht in angemessener Weise zu berücksichtigen scheint und seine Liebe ebenso dem Versager zuwendet. Wir vergessen leicht, daß Gnade nicht Lohn, sondern Geschenk ist.

Text:

Es war einmal eine Frau, die war über die Maßen böse, und sie starb. Und sie hinterließ kein Andenken an irgendeine Tugend. Es faßten sie die Teufel und stießen sie in den Feuersee. Aber ihr Schutzengel steht dabei, ja, und er denkt: »An was für eine Tugend von ihr soll ich mich entsinnen, um sie Gott zu sagen?« Er dachte nach und spricht zu Gott: »Sie hat«, so spricht er, »einst aus ihrem Gemüsebeet eine Zwiebel herausgerissen und sie einer Bettlerin geschenkt!« Und es antwortete ihm Gott: »Nimm du«, spricht er, »diese selbige Zwiebel und strecke sie ihr in den See hin, möge sie sie erfassen und sich an sie halten, und wenn du sie aus dem See herausziehen willst, so möge sie denn auch ins Paradies eingehen, wird aber die Zwiebel abreißen, so muß das Weib auch da bleiben, wo sie jetzt ist!« Es lief der Engel zu dem Weib hin und streckte ihr die Zwiebel hin: »Da«, spricht er, »Weib, faß an und halte dich!« Und er begann sie vorsichtig herauszuziehen, und er hatte sie schon fast völlig herausgezogen, ja, als aber die übrigen Sünder sahen, daß man das Weib herausziehe, da begannen sie sich alle an ihr festzuhalten, damit man sie zu gleicher Zeit mit ihr herausziehe. Das Weib war aber über die Maßen böse und begann mit den

Füßen zu stoßen: »Mich zieht man heraus, nicht aber euch, das ist meine Zwiebel, aber nicht die eurige!« Kaum hatte sie das ausgesprochen, da zerriß auch schon die Zwiebel. Und es fiel das Weib in den See zurück und brennt in ihm bis auf den heutigen Tag.

Fjodor M. Dostojeweski aus: Die Brüder Karamasow © Insel Verlag Frankfurt am Main 1984, S.130 f.

Biblische Texte: Matthäus 20, 1–16

* * *

Zu 24: DAS TREFFEN DER MALLINKOWS

»Nur Eliten erkennen Eliten«, sagt Ottokar von Mallinkow und liefert damit das Schlüsselwort der Parabel.
Sein Ausspruch lehnt sich an ein Zitat der Terroristin Ulrike Meinhof an: »Nur Qualität kann Qualität erkennen.« (Zitat nach Mario Krebs). Bekannt ist, zu welcher menschenverachtenden Praxis dieser Hochmut führte.
In der kleinen Geschichte bleibt offen, ob der Herr mit der »Knollennase« wirklich der Fürst Mallinkow war.
Niemand besitzt die Kriterien, Wert oder Unwert eines Menschen zu erkennen. Jeder, der uns begegnet, ist ein möglicher »Fürst«, jeder ein Sohn, eine Tochter Gottes. (Vgl. 1 Jh 3,1; 2 Kor 6,18)
Es geht also um die verborgene Würde jedes Menschen.

Eine andere Möglichkeit der Interpretation geht davon aus, daß Ottokar von Mallinkow tatsächlich den Vornehmsten von allen, den Fürsten Mallinkow, nicht erkannt und abgewiesen hat, da er sich von ihm ein anderes Bild machte.

Prediger und Dichter haben oft die Frage reflektiert, wie die Christen ihrer Tage Christus begegnen würden, wenn er (wieder)käme. Würden wir ihn erkennen und willkommen heißen?

Text:
Was unter dem Christsein zu verstehen ist, hat Christus selbst verkündigt, wir können es ja in den Evangelien lesen. - Dann verließ er die Erde, sagte aber seine Wiederkunft voraus. Und betreffs dieser seiner Wiederkunft gibt es eine Vorhersage von ihm, die also lautet: Wenn des Menschen Sohn kommen wird, meinest du, daß er auch 'noch' werde Glauben finden auf Erden? (Vgl. Lk 18,8)
Sören Kierkegaard: Der Augenblick. Düsseldorf Diederichs 1959, S. 46

Biblische Texte: Matthäus 5, 13–15, Galater 6,4

* * *

Zu 25: DER WELTBERÜHMTE KOMPONIST

Der »weltberühmte Komponist« hat nicht nur »sensible Finger«, sondern auch ein sensibles Organ für die Etikette: Seines Weltranges bewußt, hätte er es wahrscheinlich schon als ein Entgegenkommen seinerseits empfunden, wenn er den Dank der Stadt aus den Händen eines gewöhnlichen Bürgermeisters entgegengenommen hätte. Was dieser Künstler der Stadt Münster übelnahm, eben das unterlief ihm selbst: Er behandelte eine Person von höchstem Rang (nach der Wertordnung jenes Reiches) unter ihrem Wert.

Text:
solche
die keine angst haben
imponieren mir
sie treten sicher auf
reden gekonnt
und tun als ob
sie alles wüßten
(meistens haben sie alles
schon vorher gewußt)
nichts kann sie erschüttern
keiner kann ihnen widerstehen
nur
eins stört mich an ihnen:
ich habe
angst
vor ihnen

Eckart Bücken, (Hg.): Werkbuch Thema Angst. Wuppertal Peter Hammer 1975

Biblische Texte: Matthäus 18, 9–14, 1 Johannes 3, 1

* * *

Zu 26: DAS SCHWIMMENDE EISEN

Der »Versuch« des Lehrers soll demonstrieren: In der Gesellschaft schwimmen mit Vorliebe diejenigen obenauf, die nach ihren Taten als »zu leicht befunden« werden. Wenn dieses »Naturgesetz« einmal durchbrochen wird, so muß es sich schon um eine ganz hervorragende Persönlichkeit, einen Menschen »prophetischen Geistes«, handeln.

Die meisten Menschen sind Opportunisten und strecken sich nach ihrem persönlichen Vorteil aus. Das Ärgernis ist groß, wenn sie – als Politiker oder kirchliche Amtsträger – mit einem besonderen moralischen Anspruch auftreten, den sie selbst gravierend verletzen.
Trotzdem wäre es falsch, sich schmollend in eine Position der Politik- oder Kirchenverdrossenheit zurückzuziehen, weil Exponierte sich »allzu menschlich« verhalten. Ein realistisch denkender Mensch muß damit rechnen; es entbindet ihn nicht von eigener Verantwortung.

Text 1:
Bei den Buchstaben kommen auf fünf Selbstlaute zwanzig Mitlaute. Bei den Menschen ist es ähnlich.
H. Osmin

Text 2:
In der prächtigen Domkirche tritt der hochwohlgeborene, hochwürdige geheime General-Oberhofprediger auf, der auserwählte Günstling der vornehmen Welt, er tritt auf vor einem auserwählten Kreis von Auserwählten, und predigt g e r ü h r t über den von ihm selbst ausgewählten Text: »Gott hat auserwählt das Geringe vor der Welt und das Verachtete« – und da ist niemand, der lacht.
Sören Kierkegaard: Der Augenblick. Düsseldorf Diederichs 1959, S. 201

Text 3:
Der Historiker und Schriftsteller Karlheinz Deschner, bekannt für seine äußerst scharfe Kirchenkritik, stellte 1957 einer Anzahl von Prominenten die Frage: »Was halten Sie vom Christentum?« Die Antworten gab er als Buch unter dieser Titelfrage heraus. Eine der bemerkenswertesten Stellungnahmen stammt von Heinrich Böll. Er übersieht und rechtfer-

tigt keineswegs die dunklen Kapitel der Kirchengeschichte und das Versagen der Christen. Aber dann schreibt er:
»Die Christen haben die Welt nicht überwunden, sie lassen sich auf sie ein und werden von ihr überwunden... Man ist nicht Christ, sondern gehört zum 'christlichen Lager', man glaubt nicht an Christus, sondern 'macht in Christentum'.
Doch die andere Vorstellung ist noch weit gespenstischer: wie diese Welt aussähe, hätte sich die nackte Gewalt einer Geschichte ohne Christus über sie hinweggeschoben. - Ich überlasse es jedem einzelnen, sich den Alptraum einer heidnischen Welt vorzustellen oder einer Welt, in der Gottlosigkeit konsequent praktiziert würde: den Menschen in die Hände des Menschen fallen zu lassen. Nirgendwo im Evangelium finde ich eine Rechtfertigung für Unterdrückung, Mord, Gewalt; Ein Christ, der sich ihrer schuldig macht, ist schuldig.
Unter Christen ist Barmherzigkeit wenigstens möglich, und hin und wieder gibt es sie: Christen – und wo einer auftritt, gerät die Welt in Erstaunen. 800 Millionen Menschen auf dieser Welt haben die Möglichkeit, die Welt in Erstaunen zu setzen.«

Biblische Texte: Markus 3, 31–35

* * *

Zu 27: DIE AMBIVALENZ DER ALGEBRA

Vielen Menschen erscheint die Mathematik sympathisch, weil sie unparteiisch ist, keine subjektiven Meinungen kennt und eindeutige Ergebnisse zeitigt. Dennoch gibt es eine »Ambivalenz der Algebra«, wie jeder zugeben muß: In der

Dezimalrechnung rundet man eine Fünf hinter dem Komma nach oben hin auf. Wenn also die Hälfte aller Jugendlichen ein bestimmtes Verhalten zeigen, so kann man logischerweise sagen, die Mehrheit der Jugendlichen verhalte sich so. Dadurch kommt ein subjektives Element in die Rechnung hinein: Richte ich mein Auge auf die unhöfliche Hälfte der jungen Leute, so ist rechnerisch die Mehrheit unhöflich nach demselben Prinzip, nach dem ein zur Hälfte gefülltes Glas halbvoll oder halbleer ist, je nach dem freundlichen oder unfreundlichen Auge des Betrachters.
Worauf will diese Spielerei hinaus? Das gute oder negative Urteil über die »Jugend von heute« hängt maßgeblich vom Betrachter ab. Schon Sokrates beklagte sich über die schlechten Sitten und den Luxus der Jugend; sie war ihm nicht ernsthaft genug. Walther von der Vogelweide dagegen monierte, wie sauertöpfisch und glanzlos die Jugend sei. Wie sollen es die jungen Menschen eigentlich recht machen? Wer sie anschaut wie die zweite Dame in der Parabel, wird sie – so oder so – liebenswert finden.
Übrigens gilt dieselbe Dezimalrechnung auch, wenn junge Leute die alten betrachten!

Text 1:
Die Jugend von heute liebt den Luxus, hat schlechte Manieren, verachtet die Autorität. Sie widersprechen ihren Eltern, legen die Beine übereinander und tyrannisieren ihre Lehrer.
Sokrates

Text 2:
O weh, wie kläglich ist heut die Lebensart der jungen Leute, die doch einst von hochgestimmter Gemütsart waren! Sie kennen nichts mehr als Sorgen. O weh, weshalb nur? Wohin ich mich wende, niemand in der Welt ist

mehr froh. Achtet einmal darauf, wie den Damen ihr Kopfschmuck steht! Und die stolzen Ritter, sie tragen wahrhaftig bäurische Kleidung. Tanzen, Lachen und Singen vergehn vor lauter Sorgen...

Walther von der Vogelweide: Elegie. 2.Str. – Eigene Übersetzung

Text 3:

Zu Mark Twain kam einmal ein Siebzehnjähriger und erklärte: »Ich verstehe mich mit meinem Vater nicht mehr. Jeden Tag Streit. Er ist so rückständig, hat keinen Sinn für moderne Ideen. Was soll ich machen? Ich laufe aus dem Haus!«

Mark Twain antwortete: »Junger Freund, ich kann Sie gut verstehen. Als ich 17 Jahr alt war, war mein Vater genauso ungebildet. Es war kein Aushalten. Aber haben Sie Geduld mit so alten Leuten; sie entwickeln sich langsamer. Nach zehn Jahren, als ich 27 war, hatte er so viel dazugelernt, daß man sich schon ganz vernünftig mit ihm unterhalten konnte. Und was soll ich Ihnen sagen? Heute, wo ich 37 bin – ob Sie es glauben oder nicht –, wenn ich keinen Rat weiß, dann frage ich meinen alten Vater. So können die sich ändern!«

J. Feige/R. Spennhoff, (Hrsg.): Ja zu jedem Tag. Stuttgart Verlag Katholisches Bibelwerk 1984, S. 31

Biblische Texte: Jeremia 1, 4–7, Joel 3, 1

* * *

Zu 28: DER SCHNELLZUG

Die Parabel geht von einer Sinnestäuschung aus, der wir wahrscheinlich alle schon einmal erlegen sind: Wir meinen, unser Zug fahre ab, während sich in Wahrheit der Zug auf dem Nachbargleis in Bewegung setzt.

Der junge Mann in der Parabel lehnt bequem in seinen Polstern und bildet sich ein, sein Zug bewege sich, aber es ist der Zug der Tüchtigen, Ungeduldigen, der sich in Progression befindet.

Es ist für einen Christen zu wenig, mit gefalteten Händen abzuwarten, daß Gott handelt. Sein Reich kommt nicht von selbst und nicht ohne uns.
Christus läßt darüber keinen Zweifel. Im Gleichnis vom anvertrauten Geld (Mt 25, 14–30), dessen erster Abschnitt im Textteil wiedergegeben ist, erwartet der Herr, daß seine Diener mit den Talenten, die er ihnen anvertraut hat, arbeiten. Es ist sträflich, sie ungenutzt zu bewahren.
Das Talent, in biblischer Zeit eine Gewichts- und Geldeinheit, steht in unserem heutigen Sprachgebrauch für eine Begabung. Die sprachliche Gleichsetzung geht auf: Geld soll »arbeiten«; unseren Fähigkeiten sollen Dienste entsprechen.

Text:
Gottes Gaben sind zugleich Gottes Platzanweisung für das Engagement, das heißt für den Dienst, den er von jedem erwartet.
Gustav Heinemann

Biblische Texte: Matthäus 25, 1–18

Zu 29: DIE FUNDSACHE

An der Brosche haftet für die alte Dame offenbar eine Erinnerung, die dem billigen Stück hohen Wert verleiht – was sich im Finderlohn äußert. Den Finder eines ihrer sachlich kostbaren Schmuckstücke hätte die Dame dagegen nur nach Gerechtigkeit entlohnt.
Wir alle können an uns beobachten, daß oft erst der Verlust einer Sache uns empfinden läßt, wie teuer sie uns ist, unbeschadet der materiellen Bedeutung.

So ist es im Evangelium der Sünder, der Verlorene, also der nach moralischem Maßstab Geringste, der dem »Himmel« im Suchen und Wiederfinden kostbarer wird als die neunundneunzig Gerechten, »die der Buße nicht bedürfen«. (Beachten Sie die Ironie dieser Formulierung!)

Biblische Texte: Matthäus 13, 44–46, Lukas 15, 4–10

* * *

Zu 30: DIE GIRAFFEN

Das Beispiel der Giraffen lehrt Möglichkeiten des Umgangs mit eigenen Schmerzen:
Es ist eine Erfahrung des Alltags, daß man sich mit selbstzugefügten Schmerzen von größeren Leiden ablenken kann: Man beißt sich etwa auf die Lippen.
Die Giraffe, ein Tier der Savanne, das gefährliche Feinde hat, nutzt diese Möglichkeit, um nicht schreien zu müssen, was ihre Feinde augenblicklich zur Verfolgung veranlassen würde.

Im übertragenen Sinne könnte man daraus lernen: Gönne deinen Gegnern nicht den Triumph, dich leiden zu sehn, besonders dann nicht, wenn sie selbst dir diesen Schmerz zugefügt haben. Nutze Mittel der Selbstbeherrschung, wachse an deinen Leiden!
Die Teilbarkeit körperlichen Schmerzes – ins Seelische übertragen – trifft aber etwa das, was im Sprichwort heißt: Geteilter Schmerz ist halber Schmerz. – Verrate dich also deinen Feinden nicht, deinen Freunden aber teile dich mit; vor allem öffne dich im Gebet. Auf diesem doppelten Wege wird der Schmerz zum Gewinn bei Gott und den Menschen.

Text:
Unsere Leidenskraft ist ebenso groß wie eure Macht, uns Leiden zuzufügen. Eurer physischen Gewalt werden wir mit seelischer Kraft begegnen. Tut mit uns, was ihr wollt, wir werden euch trotzdem lieben.
Martin Luther King

Biblische Texte: Römer 12, 15, 2 Korinther 4, 16–18, Galater 6, 2

* * *

Zu 31: DIE ANGST, DES DIEBES KOMPLIZE

Der Mann in der Parabel hat alles Mögliche getan, um sein Vermögen zu sichern. Angesichts der Alternative »Geld oder Leben« ist er jedoch vernünftig genug, sein Leben, wie er meint, zu retten.
Andererseits ist seine Angst so groß, daß er den Betrug

des Maskierten nicht erkennt; ein Spielzeug genügt, sein Unterscheidungsvermögen außer Kurs zu setzen.

Die Parabel läßt sich mit unterschiedlichem Schwerpunkt interpretieren:
Wer ein Vermögen anlegt, handelt sich Angst ein.
Das Leben ist kostbarer als aller Besitz.
Die Angst erreicht, was Einsicht nicht leistet: daß der Reiche sich von seinem Überfluß trennt.

Text 1:
»Ist nicht das Leben wichtiger...?«
Beispielgeschichte zu Mt 6,25:
Ein deutscher Soldat erzählte folgendes Erlebnis aus der Spätphase des Rußlandfeldzuges:
Die Troßeinheiten hatten den Soldaten der vorderen Linien oft unter fadenscheinigen Ausflüchten notwendige Dinge vorenthalten, während sie selbst genossen, was eigentlich für die Frontsoldaten bestimmt war. Mit verbissener Wut ertrugen diese die zusätzlichen Entbehrungen, die ihnen dadurch auferlegt wurden. Plötzlich hieß es: Russische Panzer im Anrücken! Der Troß flüchtete um sein Leben. Und als die Soldaten in Eile zurückweichen mußten, fanden sie alle zuvor ersehnten Dinge am Straßenrand: warme Kleidung und Decken, Konserven und sogar Rundfunkgeräte. Aber niemand bückte sich, um etwas aufzuheben.

Text 2:
...Das Leben läßt sich nicht mit einem Scheck kaufen,
seine Aktien stehen sehr hoch,
daß sie für Geld nicht zu haben sind.
Immer leben und niemals das Grab sehen –
diese Police kann niemand kaufen!

Sie glaubten, sie lebten ewig und wären immer an der Macht.
Alle Länder und allen Besitz,
den sie zusammengeraubt, versahen sie mit ihrem Namen,
sie nahmen den Städten die Namen
und gaben ihnen ihre eigenen.

Ihre Denkmäler standen auf allen Plätzen,
aber wer erwähnt sie heute noch?
Ihre Denkmäler wurden umgestürzt
und die Bronzetafeln herausgerissen.
Ihr Palast ist jetzt ein Mausoleum...
Ernesto Cardenal: Psalmen. Wuppertal Peter Hammer 1968, S. 26 f.

Biblische Texte: Matthäus 6, 19–25, Lukas 12, 13–20

* * *

Zu 32: DIE KLUGE PROFESSORIN

Daß Professoren in ihrem Fach Koryphäen sind, hofft und erwartet man. Wenn sie sich darüber hinaus nicht lebensfremd, sondern gewitzt auch in den Dingen des profanen Lebens zeigen, wird es anerkennend hervorgehoben: Wilma Frank sorgt, klug im Sinne der Welt, für sich und die Ihren vor.

Desto törichter erscheint ihr Verhalten auf der Höhe der Hungersnot: Sie verteilt ihre Vorräte, ohne etwas für die kommenden Tage zurückzuhalten. Jetzt schelten ihre Nachbarn sie dumm. Obwohl sie selbst davon profitieren, liegt in ihrem Urteil Verachtung: Dumme mögen sich selbst helfen!

Christentum, das sich an der Bergpredigt orientiert, ist heilige Unvernunft, wie nur die Liebe sie eingibt, »Umwertung aller Werte«. Das bedeutet, für gering achten, was die Welt hochschätzt: Reichtum, Unbeschwertheit, Macht und Sicherheit. Wegen dieser Unvernunft nennt man die Heiligen »Narren Gottes«.

Text:
Die Grille und die Ameise

Nachdem die Grille zirpt' und sang
den Sommer lang,
sah sie sich mittellos zuletzt
dem kalten Nordwind ausgesetzt.
Kein Stückchen Wurm blieb ihr zurück,
von Fliegen nicht das kleinste Stück.
Die Not zu klagen, ging sie hin
zur Ameise, der Nachbarin:
Sie möge, nur zum Überleben,
auf Wintersfrist ihr Nahrung geben.
»Tierehrenwort! Noch vor Verfall
zahl ich's zurück mit Kapital
und Zins.« – Jedoch der Nachbarin
der knauserigen, stand der Sinn
nicht nach Verleihen. »Sagt doch an,
was habt im Sommer Ihr getan?« –
»Euch alle mit Gesang ergötzt
zu jeder Nacht- und Tageszeit!« –
»Ihr sanget? Ich bin hoch erfreut!
Dann bitte geht und tanzet jetzt!«

La Fontaine: La cigale et la fourmi. Eigene Übersetzung

Biblische Texte: Matthäus 18, 23–35, 2 Korinther 9, 6–7

Zu 33: DIE STAATSKAROSSE

Beherrschend ist in der Parabel die gestörte Kommunikation zwischen dem »hochprominenten Politiker« und dem Volk. Der Politiker, der narzißtisch sein Interesse auf seine Person und seinen Wahlerfolg gerichtet hat, verkennt die Signale und Warnungen aus der Bevölkerung und bemerkt die Gefahr erst, als es zu spät ist, die »Staatskarosse« zu retten.
Die politische Gleichnisgeschichte geht auf die in unseren Tagen vielbeklagte Basisferne der Politiker ein. Diese Erscheinung ist aber nicht einseitig den Regierenden anzulasten. Oft sind es falsche Erwartungen der Basis, die Fehlhaltungen der »Spitze« hervorrufen.
Die Gefahr des demokratischen Systems liegt darin, daß die Parteien mit Blick auf die nächste Wahl Gefälligkeitspolitik treiben und dringende, aber unpopuläre Aufgaben vernachlässigen.

Text:
Sorglos eilen wir in den Abgrund, nachdem wir etwas vor uns aufgebaut haben, was uns hindert, ihn zu sehen.
Blaise Pascal

Biblische Texte: Markus 10, 41–45

* * *

Zu 34: DIE WIPPE

Freiheit, Gleichheit, Brüderlichkeit, die Losung der Französischen Revolution, ist eine wunderbare Parole. Aber bereits die Revolution selbst setzte die Gleichheit nur auf Kosten der Freiheit durch, von der Brüderlichkeit ganz zu schweigen.
Freiheit und Gleichheit sind zwei Werte, die in einer umgekehrten Proportion zueinander stehn. Goethe hielt deshalb das Versprechen, beide zusammen zu verwirklichen, für »eine Torheit oder Scharlatanerie.«
Das Neue Testament warnt davor, die Freiheit »zum Deckmantel der Bosheit« zu mißbrauchen (1 Petr 2,16) oder sie »zum Anstoß für die Schwachen« werden zu lassen (1 Kor 8,9). Wegen der Freiheit und Gleichheit aller muß die persönliche Freiheit sich, auch im liberalsten Staat, Zügel angelegen lassen.
Die Gleichheit vor dem Gesetz wird ebenfalls immer hinken, da die Freiheit unterschiedliche Folgen zeitigt: So wird der Reiche kaum in Gefahr kommen, Brot zu stehlen oder zu betteln.
Der gerechte Ausgleich, die Balance, ist nie ganz, nie auf Dauer und nie für alle herzustellen, auch nicht durch die besten Gesetze in der besten Institution. Im Einzelfalle bleibt er immer eine Gewissensfrage.
Wer an den Unzulänglichkeiten des Staates oder der Kirche leidet, bedenke das in seinem gerechten Zorn!

Text:
Es war immer unsere Ansicht, daß die Losung »Gerechtigkeit und Freiheit« zwar eine schöne Losung ist, aber einen Widerspruch miteinander verbindet. Je mehr Gerechtigkeit, je mehr Gleichheit, desto weniger Freiheit. Je mehr Freiheit, desto weniger Gleichheit und Gerechtigkeit.
Max Horkheimer bei der Verleihung des Lessing-Preises 1971

Biblische Texte: Galater 3, 26–29

* * *

Zu 35: DIE ANEKDOTE VON DER FAMILIE RÜBESAM

Frau Rübesam und ihre Söhne pflegen einen gesunden Schlaf; sie leiden als »fleißige Erwerbspersonen« nicht an schlechtem Gewissen. Die Ahnung, daß der Haupternährer der Familie auch auf kriminelle Weise »verdient«, verdrängen sie geflissentlich: Wer nichts weiß, behält eine weiße Weste.
Auch wir an den Stammtischen der »Ersten Welt« pflegen sorgfältig unsere Ignoranz. Was gehen uns die Rohstoffpreise auf dem Weltmarkt an? Wir schlafen auf redlich erworbenen Ruhekissen. Und die Kirchen? Die sollen sich lieber um unser Seelenheil kümmern!

Text 1:
Die Grundsätze der kirchlichen Lehre erhalten eine neue moralische Dringlichkeit, je mehr wir begreifen, wie benachteiligt sehr viele Menschen und Länder in dieser Welt gegenseitiger Abhängigkeit sind. Die Hälfte der Weltbevölkerung, etwa 2,5 Milliarden Menschen, lebt in den Län-

dern, in denen das Pro-Kopf-Einkommen 400 Dollar oder weniger beträgt. Wenigstens 800 Millionen Menschen in jenen Ländern leben in absoluter Armut, unterhalb jeder vernünftigen Grenze menschlicher Zumutbarkeit. Fast eine halbe Milliarde Menschen lebt in ständigem Hunger, trotz reichlicher Ernten weltweit. Fünfzehn von hundert Kindern, die in solchen Ländern zur Welt kommen, sterben, bevor sie fünf Jahre alt werden... Und ihr Elend ist nicht das unvermeidliche Ergebnis geschichtlicher Entwicklung oder der Gesetzmäßigkeit einzelner Kulturen, sondern es ist das Ergebnis menschlicher Entscheidungen und menschlicher Institutionen.

Hirtenbrief der Bischofskonferenz der Vereinigten Staaten von Amerika vom 13. Nov. 1986

Text 2:

Zur Zeit sind mehr als 75 Prozent aller Staaten nach unserem System organisiert. In neun von zehn dieser Staaten wird gehungert. Hat der Markt nichts damit zu tun?

Dorothee Sölle auf dem Deutschen Evangelischen Kirchentag 1993

Text 3:

Komm, wir teilen das Essen, mein Bruder,
Komm, wir teilen, was wächst auf der Welt.
Fleisch für mich und Reis für dich.
Mir Eier zum Tee und Reis für dich.
Das ist gut für mich, und der Reis ist für dich.
Käse, Konserven, Schinken und Fisch,
Obst und Wein und Milch auf den Tisch
Für mich.
Und eine Handvoll Reis, gerade eine Handvoll
(wenn du Glück hast)
Für dich.

Komm, wir teilen den Wohlstand, mein Bruder.
Gold für mich und Schund für dich.
Christus für mich, der Teufel hol dich.
Glücksspiele, Bomben und Drogen in Massen,
Geld zum Verbrauchen, Verlieren, Verprassen
Für mich.
Und etwas Wohlfahrt, eben etwas Wohlfahrt
(wenn es sich machen läßt)
Für dich.

J.E. Stringfellow

Biblische Texte: Deuteronomium 30, 19, Matthäus 25, 41–45

* * *

Zu 36: DIE RATTEN

Assoziationspunkt der kleinen Fabel von den Ratten und dem Schiffshund ist das Sprichwort: »Die Ratten verlassen das sinkende Schiff«, mit dem man die Haltung solcher Menschen kennzeichnet, die sich von einer Sache abwenden, sobald sie keinen Erfolg mehr verspricht, also die Haltung der Opportunisten. Die Vorstellung von »Ratten« löst unwillkürlich Widerwillen aus – »Ich bin keine Ratte«, sagt der Hund.
In unserer Zeit hat eine breite und vielfältige Absetzbewegung von den traditionellen Gemeinschaften eingesetzt. Sie wurde unübersehbar, nachdem die Studenten- und Schülerrevolte abgeklungen war und die Zeit der »Anpasslinge« begann. Ihr Stichwort lautet: »Ohne mich!« In den Medien wird die Staats- und Politikverdrossenheit beklagt.

Die Volksparteien registrieren Mitgliederschwund; eine Welle der Kirchenaustritte schockiert die Christen. Die Parabel ist eine Absage an die gegenwärtige Bindungs- und Verantwortungsscheu.

Text 1:
Die Kirche ist wiederholt auf den Hund gekommen, doch ist jedesmal der Hund dabei krepiert.
Gilbert Keith Chesterton

Text 2:
Herr, erwecke deine Kirche und fange bei mir an.
Herr, baue deine Gemeinde und fange bei mir an.
Herr, laß Frieden und Gotterkenntnis überall auf Erden kommen und fange bei mir an.
Herr, bringe deine Liebe und Wahrheit zu allen Menschen
und fange bei mir an.
Gebet eines chinesischen Christen

Biblische Texte: Josua 24, 13–15, Lukas 16, 19–31

* * *

Zu 37: DER MANN MIT DEN NAGELSTIEFELN

»Hoan-Kong fragte einst seinen Minister, den Koang-Tschong, wovor man sich wohl in einem Staat am meisten fürchten müsse. Koang-Tschong antwortete: Prinz, nach meiner Ansicht hat man nichts mehr zu fürchten, als was man nennet: die Ratte in der Bildsäule.«
So beginnt eine bekannte Parabel von Johann Gottfried

Herder, die darauf hinausläuft, daß man nichts mehr zu fürchten habe, als die Schmeichler bei Hofe.
Der Anfang dieser Parabel wurde absichtlich parodiert, weil sie, auf Verhältnisse unseres Jahrhunderts umgeschrieben, bewußt macht, um welche Dimensionen in den dazwischenliegenden 200 Jahren die Gefahren, die der Menschheit drohen, gewachsen sind.
Das Bild vom Pulverfaß, auf dem wir leben, ist uns allen geläufig. Woher könnte der Funke, der das Verhängnis herbeiführt, kommen? Wir starren auf Macht, Gewinnsucht, menschliche Bosheit. Nicht weniger gefährlich sind »Unwissen, Dummheit und Gedankenlosigkeit«.
Wir sind gefordert, »nüchtern und wachsam« zu sein (1.Petr 5,8) – auch gegen uns selbst.

Text 1:
In der Wurstelei unseres Jahrhunderts, in diesem Kehraus der weißen Rasse, gibt es keine Schuldigen und auch keine Verantwortlichen mehr. Alle können nichts dafür und haben es nicht gewollt.

Text 2:
»Vati«, fragte Klaus, »wie entstehen eigentlich Kriege?«
»Ja, mein Junge, die Sache ist so: Nehmen wir zum Beispiel an, England streitet sich mit Amerika über irgend etwas...«
Die Mutter unterbricht: »Rede doch keinen Unsinn, England und Amerika werden sich nicht miteinander streiten.«
»Das behaupte ich ja gar nicht! Ich will doch nur ein Beispiel anführen.«

»Mit solchem Unsinn verwirrst du dem Jungen nur den Kopf.«
»Was, ich verwirre seinen Kopf? Wenn es nach dir ginge, würde überhaupt nichts in seinen Kopf hineinkommen!«
»Was sagst du da? Ich verbiete dir, daß du...«
Da ruft Klaus: »Danke, Vater, jetzt weiß ich, wie Kriege entstehen.«

Willi Hoffsümmer: Wir wagen den Glauben. Mainz Matthias Grünewald 1987[3], S. 25

Biblische Texte: Matthäus 5, 38–48

* * *

Zu 38: DIE RISIKEN DER VERTEIDIGUNG

Das Anwesen der Dame ist »ein kleines Paradies« – eben eine Region, in der absoluter Friede herrscht. Aber es besteht begründeter Verdacht, dass sich die Habgier an den Grenzen sammelt. »Die Folgen meiner Angst sind die Ursachen meiner Ängste« (Erich Fried): Die Spannung entlädt sich. Es bleibt offen, ob Verteidigungs- oder Präventivmassnahmen zum Ausbruch der Schlägerei führen (wie das bei den meisten Kriegen auch zu sein pflegt). Aber das Resultat ist sicher: Der Schaden ist grösser als das Gut, das verteidigt werden soll.
Heute sind die meisten Moraltheologen überzeugt, dass es – beim Stand der modernen Waffentechnik – keinen »gerechten Krieg« mehr geben kann. Denn eine der Grundbedingungen für die »Gerechtigkeit« eines Krieges, auch nach der »klassischen« Lehre, lautet: »Die Abwehr muss Aussicht auf Erfolg haben, und es dürfen nicht höhere

Güter aufs Spiel gesetzt werden, als geschützt werden müssen.« (Herders Soziallexikon II, 333)
Auf den Versuch, die Wange hinzuhalten, hat es bis heute noch kein Staatsmann ankommen lassen.

Text 1:

Als der Krieg zwischen den beiden benachbarten Völkern unvermeidlich war, schickten die Feldherrn von beiden Seiten Späher aus, um zu erkunden, wo man am leichtesten ins Nachbarland einfallen könnte. Die Kundschafter kehrten zurück und berichteten auf beiden Seiten dasselbe: Es gebe nur eine Stelle an der Grenze, die sich dafür eigne. »Dort aber«, sagten sie, »wohnt ein braver kleiner Bauer in einem kleinen Haus mit seiner anmutigen Frau. Sie haben einander lieb, und es heisst, sie seien die glücklichsten Menschen auf der Welt. Sie haben ein Kind. Wenn wir nun über sein Grundstück marschieren, dann zerstören wir das Glück. Also kann es keinen Krieg geben.«
Das sahen die Feldherren ein, und der Krieg unterblieb, wie jeder Mensch begreifen wird.

Chinesisches Märchen. In: J. Feige/R. Spennhoff (Hrsg.): Ja zu jedem Tag. Stuttgart Verlag Katholisches Bibelwerk 1989, S. 105

Text 2:

Das grosse Karthago führte drei Kriege.
Es war noch mächtig nach dem ersten,
noch bewohnbar nach dem zweiten.
Es war nicht mehr auffindbar nach dem dritten.

Bert Brecht

Text 3:

I.

Die Bestie ist los!
Halt die Türe geschlossen,
verriegelt die Fenster.
Traue dem Frieden
nicht auf dem Markt!
Du weisst nicht, ob sie
zum Sprunge gekauert
nicht auf der Schwelle
schon auf dich wartet.
Halt die Türe geschlossen,
verriegelt die Fenster.
Die Bestie ist los!

II.

Wer einen Wolf
an der Kette hält,
soll sich nicht wundern,
dass – von der Kette
gelassen – der Wolf
sich gegen ihn
nicht wie ein Lamm,
sondern wölfisch beträgt.

Katharina Seidel, am 17. Januar 1991 (Beginn des Golfkrieges)

Biblische Texte: Jesaja 11, 1–10, Micha 4, 3, Lukas 6, 27–29

* * *

Zu 39: DIE BLUTRACHE

Die Geschichte ist reich an Beispielen für die verhängnisvolle Kettenreaktion von Haß und Vergeltung; man könnte, wie Jean Paul, der Meinung sein, Friede sei nur eine »Vorstadt vor der Festung des Krieges.« Alle Staatsmänner betonen zwar ihre Friedensliebe – aber welcher von ihnen glaubt schon an die Möglichkeit eines weltweiten und dauernden Friedens?
Friedrich II. von Preußen zum Beispiel hielt Frieden nur in einer Welt für möglich, wo Fürsten, Minister und Untertanen allesamt leidenschaftslos sind und jedermann der Vernunft gehorcht (vergleiche »Über die Vorurteile«). Mit anderen Worten: eine solche Welt sei illusorisch, der Mensch sei nun einmal nicht friedlich. Wer aber nicht an den Frieden glaubt, wird auch nicht wirksam für ihn arbeiten, sondern der Macht- und Habgier – und der Angst – das Feld überlassen; der Rüstungsindustrie, dem Waffenhandel und den Predigern jenes Hasses, der aus Angst entsteht.
Abbau von Angst dient dem Frieden. Friede ist Vorleistung an Vertrauen.

Text 1:
Die weitverbreitete Furcht, neue Waffen zur Massenvernichtung könnten die westliche Kultur auslöschen, hat den Papst bewogen, in einer Bulle allen christlichen Staaten den Gebrauch dieser Waffe ohne Rücksicht auf den Anlaß zu untersagen.
Papst Innozenz II. im Jahr 1139 nach der Erfindung der Armbrust.
Deutsches Allgemeines Sonntagsblatt vom 31.07.1992

Text 2:

Als der Bürgermeister und der Bischof von Assisi sich nach schwerem Streit endlich versöhnt hatten, fügte der schwer kranke und dem Tode nahe Bruder Franz seinem Sonnengesang folgende Strophe hinzu (wahrscheinlich im Juni 1225): Gepriesen seist du, mein Herr, durch jene, die verzeihen um deiner Liebe willen und Schwachheit ertragen und Drangsal. Selig jene, die solches ertragen in Frieden, denn von dir, Erhabenster, werden sie gekrönt.

Franz Kamphaus: Vergebung der Sünden. Hirtenwort 1984, S. 41

Text 3:

Neujahrswunsch für die Waffenlieferanten
(während des Golfkrieges)
Möge Ihnen,
meine Herren,
im Traum die Frau erscheinen,
die in den Ruinen
Bagdads ihr Grab fand,
das Kind,
dessen Lunge
der Luftdruck der Mine
zerriß, die Mutter
in Boston,
die den Tod
ihres einzigen
Sohnes erfuhr,
der Orangenpflücker
in Jaffa, den der
n u r konventionelle
Sprengkopf zerriß,
Ihre Nachbarin,
die nicht einschlafen kann,

weil ihr Mann
in Anatolien
auf den Einsatz wartet.
Nur einer von diesen, nicht mehr,
nur einer pro Nacht
möge Ihnen,
meine Herren,
im Traume erscheinen!

Katharina Seidel

Biblische Texte: Jesus Sirach 28, 1–7, Matthäus 7, 12

* * *

Zu 40: DER TECHNISCHE FORTSCHRITT

Diese Parabel ruft bei Jugendlichen im allgemeinen Widerspruch hervor. Sie lehnen sich dagegen auf, daß die ökologische Katastrophe unabwendbares Schicksal sein soll. Dieser Protest liegt in der Absicht der Autorin, denn er setzt einen Denkprozeß in Gang: Die Dame in der Geschichte will zwar die Notbremse ziehn, wird aber von den Mitreisenden daran gehindert. Die Jugendlichen überlegen: Was wäre die »Notbremse«? Oder wie müßten die Mitreisenden ihr Verhalten ändern?

Aber liegt die ökologische Krise, in die wir hineingeraten sind, nicht in der Konsequenz des jüdisch-christlichen Auftrags: »Macht euch die Erde untertan«? (Gen 1,28)
Der jüdische Gelehrte Pinchas Lapide, darauf angesprochen, verwies auf einen Vers des zweiten Schöpfungsberichts, der klarer ausdrückt, daß »herrschen«, »untertan ma-

chen« nicht tyrannisch gemeint ist: »Gott, der Herr, nahm also den Menschen und setzte ihn in den Garten von Eden, damit er ihn bebaue und hüte.« (Gen 2,15)

Text 1:

Solange das Rohstoff- und Energiepotential unseres Planeten unerschöpflich schien, huldigte der Mensch der Vorstellung, daß es seine Aufgabe sei, die Erde zu verändern und sich genehm zu machen. Die Natur habe vor allem und zuerst dem Nutzen, der Selbstverwirklichung des Menschen zu dienen. Erst die ökologische Bedrohung der Lebensgrundlagen legte den Gedanken nahe, daß die Natur unter Umständen dem menschlichen Nutzungsrecht Grenzen setzen könnte.

Auch das Wort »Umwelt« wurzelt in einer Denkweise, die für die Zerstörung der Natur verantwortlich ist: Um-Welt sagt ja aus, dass der Mensch Mittelpunkt der Welt ist, die übrige Erde nur sein Umfeld darstellt, den Bereich, der eigens für ihn, den Mittelpunkt, existiert. Ihrer selbst wegen haben Tiere und Pflanzen offenbar keine Daseinsberechtigung.

Katharina Seidel: Wie herrlich leuchtet…: In Christ in der Gegenwart 25/93

Text 2:

Es besteht eine innere Beziehung zwischen dem Frieden mit Gott und dem Umgang mit der Schöpfung.

Aus dieser religiösen Botschaft ergibt sich für den Christen ein ethisches Leitbild für den Umgang mit der Schöpfung. Zu allererst gilt es zu lernen, daß die Schöpfung und alles, was lebt, einen gottgewollten Eigenwert besitzt und nicht allein zum Nutzen des Menschen da ist. Der Ideologe eines grenzenlosen Wirtschaftswachstums durch willkürliche Ausbeutung der Natur ist die Ehrfurcht vor der und die Verantwortung für die Schöpfung entgegenzusetzen.

Sozialhirtenbrief der katholischen Bischöfe Österreichs, 1990, 52

Text 3:
Wir haben die Erde gekränkt.
Sie nimmt ihre Wunder zurück.
Wir, der Wunder
eines.
Reiner Kunze

Biblische Texte: Genesis 11, 1–9

* * *

Zu 41: DER LETZTE BAUMSCHÜTZER

Die makabre Parabel ist eine Schreckensvision der letzten Konsequenz einer einzig am Profit orientierten Wirtschaft: rücksichtslose Ausbeutung der Natur und Niederwalzen dessen, der sich dem Raubbau entgegenstellt.

Der Baum ist zum Sinnbild der ökologischen Bewegung geworden. Denn Bäume sind in besonderer Weise Ausdruck für die Heimatlichkeit der Erde.
Wenn eine Beduinenfamilie seßhaft werden will, beginnt der Prozeß damit, daß sie neben ihrem Zelt einen Baum pflanzt.
Nach Gründung des Staates Israel war die Aufforstung des Karmel (eines 12 km langen Bergrückens) eine der ersten ökologischen Großtaten, an der deutsche Karmeliter grossen Anteil hatten. Denn ein verödeter Karmel galt dem Propheten Jesaja als Symbol staatlichen Niedergangs (Js 10,18).
Trotz des ständigen Mangels an Brennholz haben sich die Araber im Heiligen Land niemals an den alten Bäumen ver-

griffen, die an den Gräbern weiser Väter stehen. Über das Land verstreut sieht man bis heute überall diese Baumriesen.

Ehrfurcht vor alten Bäumen ist naturverbundenen Menschen selbstverständlich. »Einen alten Baum umschlagen, das ist eine Art Mord«, schrieb Tucholsky.
Es gibt kein lebendigeres Sinnbild der Hoffnung und des Zukunftglaubens, als das Pflanzen eines Baumes. Martin Luther soll auf die Frage, was er tun würde, wenn morgen die Welt unterginge, geantwortet haben: »Einen Apfelbaum pflanzen.«
Nichts drückt den Nihilismus und die Ehrfurchtslosigkeit vor der Schöpfung (und dem Schöpfer) in unseren Tagen deutlicher aus, als der Mord an den uralten Wäldern der Erde.
Wir werden die Lebensgrundlagen auf unserem Planeten nicht retten ohne Rückkehr zur Liebe und Ehrfurcht gegenüber dem von Gott Geschaffenen.

Text 1:
Liebet die ganze Schöpfung Gottes, die ganze Welt und jedes Sandkörnchen auf Erden! Jedes Blättchen, jeden Lichtstrahl Gottes habet lieb! Liebet die Tiere, liebet die Pflanzen, liebet jedes Ding! Wenn du aber jedes Ding lieben wirst, dann wirst du auch das Geheimnis Gottes in den Dingen erfassen.

Fjodor M. Dostojewski aus: Die Brüder Karamasow © Insel Verlag Frankfurt am Main 1984, S. 70

Text 2:
Die Sprache der alten Bäume im Wind

Die Sprache
der alten Bäume im Wind
zu verstehen,
wäre schon viel

und zu lauschen
dem Lied der Stille
im vergehenden Licht,
wenn aus der Ebene
Vögel sich sammeln
zum Flug
und von den Hügeln
die Ferne herüberglänzt.
Dann, wenn das Dunkel wächst,
die Sprache
der alten Bäume im Wind
zu verstehen,
wäre schon viel.

Siglinde Mehren: Abgeschrieben von einem Aushang am Münster zu Überlingen

Text 3:
Mitschuld
Ich bin nicht taub
gegen den Schrei
sterbender Bäume

Ich lache mich nicht
darüber hinweg
und trinke kein
Vergessen

Mich brennt
das Zeichen
der Tochter Kains.
Katharina Seidel

Biblische Texte: Jeremia 18, 1–10

* * *

Zu 42: DAS VOLLAUTOMATISCHE SCHIFF

Aus der Poesie und aus blumigen Festreden ist die Metapher des »Lebensschiffes« geläufig. In unserer Parabel handelt es sich um ein außergewöhnlich komfortables Schiff. Die Fahrgäste gehören der Wohlstandgesellschaft an – was auch an Details der Schilderung deutlich wird: ihre Kleidung wird mit dem Vokabular eines Modekatalogs beschrieben; das üppige Buffet hält Delikatessen bereit, die in »normalen« Zeiten unerschwinglich waren.
Um keinen Zweifel zu lassen: Wir sind gemeint, das Fünftel der Menschheit, das über die meisten Schätze der Erde verfügt. Aber etwas stimmt nicht in der illustren Gesellschaft. Der Teufel (im Volksaberglauben hinkend dargestellt) hat jedem vor Antritt der Reise etwas ins Ohr geflüstert, was während der Fahrt wahnsinnige Folgen zeitigt: Auf der Suche nach weiteren Reichtümern vernichtet die Gesellschaft das Schiff, das sie trägt.

Text 1:
Erst wenn der letzte Baum gerodet, der letzte Fluß vergiftet, der letzte Fisch gefangen ist, werdet ihr feststellen, daß man Geld nicht essen kann!
Weissagung der Cree

Text 2:
Die Verantwortung für Schöpfung, Natur und Umwelt gehört zu den ganz persönlichen Pflichten des Einzelmenschen und seiner unmittelbaren Lebensgemeinschaft. Im persönlichen Lebensstil, im selbstkritischen Gebrauch der technischen Mittel, in der sparsamen Verwendung von Rohstoffen und Energie, im sorgfältigen Umgang mit Schadstoffen, in der Vermeidung von Abfällen, welche die Umwelt belasten, entscheidet sich bereits ein wesentlicher Teil der Verantwortung für Natur und Umwelt. Ohne eine kritische Selbstprüfung und Umkehr auf der persönlichen Ebene läßt sich die ökologische Frage nicht menschengerecht lösen. Es braucht eine »Bekehrung in der Art des Denkens und des Verhaltens.«
Sozialhirtenbrief der katholischen Bischöfe Österreichs 1990, 53

Biblische Texte: 2 Samuel 1–10a

* * *

Zu 43: DER LEUCHTTURM

Die Parabel beginnt in heiterer Atmosphäre: Eine Dame schickt sich an, »leichten Fußes« einen Leuchtturm zu ersteigen. Ihr Aufstieg nimmt mit der Zahl der Stufen an Mühsal zu. Die Handlung bekommt vollends alptraumartigen Charakter, als die Dame bemerkt, daß ihr jemand folgt. Der Verfolger gibt sich als der Tod zu erkennen; sie kann nur noch wählen, ob sie sich seinen Händen überlassen oder selbst springen will.
Der Tod folgt uns beharrlich, nicht mehr beachtet als unser eigener Schatten, und holt uns schließlich ein. – In der

Dichtung finden wir für die Allgegenwart des Todes viele Bilder: Wir tragen ihn in uns wie die Frucht den Kern, wie die Mutter ihr Kind. – Das Leben recht zu verstehen, kann nur gelingen, wenn wir ihn mit bedenken.

Text 1:

Der Tod ist groß.
Wir sind die Seinen
lachenden Munds.
Wenn wir uns mitten im Leben meinen,
wagt er zu weinen
mitten in uns.

Rainer Maria Rilke "Der Tod ist gross" aus: Gesammelte Gedichte Bd. 1. © Insel Verlag Frankfurt am Main 1962, S. 233

Text 2:

Märchen vom Tod

Ein junger Mann befreite einst den Tod, dem er auf der Wanderschaft begegnete, aus einer Notlage. Der Tod versprach seinem Retter, er werde ihn einst nicht unversehens holen, sondern ihm zuvor einen Boten senden. Der junge Mann war es zufrieden und begann nun erst, das Leben so recht zu genießen. Er verdiente viel Geld und gab es aus und fragte nicht nach Gott und Teufel.

So ging es jahraus, jahrein. Der Mann wurde älter, aber es bekümmerte ihn nicht, denn er dachte: Mir bleibt immer noch Zeit zur Besinnung; der Tod hat ja versprochen, erst einen Boten zu schicken.

So wurde er alt, war zuweilen krank, aber genas und lebte, soweit es sich machen ließ, weiter lustig in den Tag hinein.

Eines Tages aber stand plötzlich der Tod an seinem Bett.

»Wozu bist du gekommen?« fragte der Mann.

»Ich bin gekommen, dich zu holen.«

Der Mann setzte sich jählings auf und begann, den Tod wegen seines Wortbruchs zu beschimpfen. »Wolltest du mir nicht zuvor einen Boten senden?«
»Ich sandte ihn«, entgegnete der Tod in unnahbarer Majestät, »nicht einen nur. Seit vielen Jahren habe ich dir Boten gesandt: das Fieber, das Zahnweh und jeden Abend meinen Bruder, den Schlaf. Du aber hast auf keinen von meinen Boten geachtet. Jetzt ist deine Zeit abgelaufen.«
Einer Sendung des Deutschlandfunks vom 6. Oktober 1984 frei nacherzählt

Biblische Texte: Markus 13, 33–37

* * *

Zu 44: DAS STEINZEITGRAB

Es ist auffallend, daß aus den Grabfunden prähistorischer Zeit hervorgeht, daß die Menschen an ein Weiterleben ihrer Verstorbenen, und zwar in irdischen Verhältnissen, glaubten, aber dennoch – oder gerade deshalb – die Gräber mit schweren Steinen sicherten. Man traf Vorsorge für alles, was der Verstorbene beim Erwachen benötigen würde: Nahrung, Schmuck und Waffen lagen im Grab bereit. Aber offenbar fürchtete man gleichzeitig, dieses Aufwachen könne zu bald und in unerwünschter Weise erfolgen.

Im übertragenen Sinne kann ein Verstorbener ebenfalls auf verhängnisvolle Weise »weiterspuken«. Bekannt sind die erschwerten Bedingungen, unter denen die Söhne berühmter Männer oder die Nachfolger besonders populärer Herrscher, Politiker oder Päpste stehen. Die Erkenntnis, daß oft das Tote das Lebende frißt, gilt auch für überlebte Traditionen, die zäh und gewichtig auf den Enkeln lasten und ein Hemmnis für notwendige Reformen und Neuansätze darstellen. Oder Institutionen, die ihrer ursprünglichen Aufgabe nicht mehr genügen, von innen ausgehöhlt und faul sind, aber aus Gründen der Pietät oder der Gewohnheit weiter geduldet werden.

Biblische Texte: Matthäus 23, 27–31, Markus 16, 1–4

***

Zu 45: DER PUTZER VON WESTMINSTER ABBEY

Früher einmal gab es bei der Inthronisation eines Papstes den Brauch, daß vor dem neuen Nachfolger Petri ein Strohwisch abgebrannt wurde mit den Worten: »Heiliger Vater, so vergeht der Ruhm der Welt!« – An diese Worte erinnerte ich mich in der Westminsterabtei, wo man im Gegenteil den irdischen Ruhm für die Ewigkeit zu präparieren scheint.
»In der Abtei von Westminster läßt sich der bruchlose Übergang vom ganzheitlichen, eschatologischen und kommemorativen Grab zum nur kommemorativen, offiziösen und bürgerlichen nachverfolgen, zum öffentlichen Denkmal von heute«, erläutert Philippe Aries den Wandel zum »säkularisierten» Grabmal. (Geschichte des Todes, München 1982, dtv Tb, S. 336)
Das hintergründige Lächeln des Putzers, den ich bei seiner Arbeit beobachtete, brachte mir zu Bewußtsein, daß jetzt seine Zeit ist und daß sein Beruf vielleicht vor Gott dieselbe Würde hat wie der eines Erfinders oder eines Feldherrn.
Die demokratische Gesinnung des Todes wurde mir klar.

Text 1:
Niemand ist so weise, daß er seine (Lebens-)Reise kennt. Der Tod gleicht einem Dieb; keinen von euch läßt er hier. Er ist ein Gleichmacher: Kein Mensch ist so vornehm, daß er nicht sterben müßte, davor bewahrt ihn auch sein Reichtum nicht.

Notker v. St.Gallen: Memento mori, 11.Jh.; Eigene Übersetzung

Text 2:
Gelobt seist Du,
Herr, durch unsern Bruder, den leiblichen Tod;
ihm kann kein lebender Mensch entrinnen.
Wehe denen, die sterben in schweren Sünden!
Selig, die er in Deinem heiligen Willen findet!
Denn sie versehrt nicht der zweite Tod.

Lobet und preiset den Herrn!
Danket und dient ihm
in großer Demut!

Franz von Assisi: Legenden und Laude, Sonnengesang. Zürich Manesse 1975, S. 521

Text 3:
(Der Tod:) ...Wir wollen beweisen, daß Wir recht wägen, recht richten und recht verfahren in der Welt, niemandes Adels schonen, großes Wissens nicht achten, keinerlei Schönheit je ansehen, Gabe, Liebe, Leid, Alter, Jugend und sonstige Dinge nicht wägen. Wir tun gleich der Sonne, die scheint über Gut und Böse: Wir nehmen Gut und Böse in Unsere Gewalt. Alle Meister, die die Geister zwingen können, müssen Uns ihren Geist ausantworten und übergeben...
Unsre Sense geht ihren Weg. Weiß, schwarz, rot, braun,

grün, blau, grau, gelb und allerlei Glanzblumen und Gras hauet sie vor sich nieder, ihres Glanzes, ihrer Kraft, ihrer Tugend ungeachtet. Da hilft dem Veilchen nicht seine schöne Farbe, sein reicher Duft, sein wohlschmeckender Saft. Sieh, das ist Gerechtigkeit!

Johannes von Tepl: Der Ackermann aus Böhmen. Stuttgart Reclam 1970, S. 47, und S. 56 f.

Biblische Texte: Genesis 1, 27

* * *

Zu 46: DIE SPUREN IM STAUB

Spuren hinterlassen: Der junge Goethe hielt für »die edelste von unseren Empfindungen die Hoffnung, auch dann zu bleiben, wenn das Schicksal uns zur allgemeinen Nonexistenz zurückgeführt zu haben scheint« (»Zum Schäkespears Tag«). Unter Christen, besonders katholischen, gilt diese Hoffnung allzu oft als Mangel an Demut und als ein Zeichen schwachen Glaubens. Vielleicht liegt hier eine Erklärung dafür, daß die Kirche häufig ein gestörtes Verhältnis zu ihren Intellektuellen hat. Der Wunsch, Spuren zu hinterlassen, hat viele Gesichter: das Verlangen, Großes zu leisten, Dauerndes zu gründen, in seinen Kindern weiterzuwirken, durch Wohltaten Liebe zu wecken, die den Tod überdauert.

Die Hoffnung ist allgemein und natürlich; sie braucht dem Glauben nicht abträglich zu sein. Selbst das Evangelium rät, sich mit Geld Freunde zu machen, »damit sie euch in die ewigen Wohnungen aufnehmen« (Lk 16, 9). Der Weg zur Unsterblichkeit führt über das in der Zeit erfüllte Leben.

Text 1:
Tod, schleudere mich nicht in dein Feld, bevor ich guter Weizensame geworden bin! Gott, laß mich nicht vor Dein Angesicht kommen, bevor ich heilig geworden bin! Von einem Augenblick zum andern werde ich von hundert Winden umgetrieben, bald bin ich in der Höhe, bald in der Tiefe des Abgrunds, bald bin ich Herr meiner Seele, bald Sklave des Leibes, ihres Gefährten, bald bin ich ein König mit dem Diadem, bald ein elender Bettler. Ich ändere mich tausendmal, so wie ein Rad sich wendet. Unkraut ist mit meinem Weizen vermischt und Spreu, und Dein guter Same ist mitten unter Dornen auf dem Acker Deines Knechtes. Niemand außer Dir allein, o Gott, erzähle ich diese meine Not. Mein Verlangen zielt ja allein auf Dich und Deine große Barmherzigkeit. Du, dem Lebende und Tote in gleicher Weise unterstehn, laß mich einmal nicht in meinen Sünden sterben! Dann mag der Schnitter an mich herantreten. Fülle erst meine Traube mit Wein, dann mag der Winzer sich nahen. Durch Deine vollkommene Gnade laß mich das Heil erlangen, um das ich bitte! Amen.
Isaak von Antiochien

Text 2:
Leonardo Boff zitiert aus dem Brief seines Bruders, durch den er vom Tod des Vaters erfuhr:
»Wenn Du diese Zeilen liest, mußt Du wohl schon in München sein. Dieses Schreiben ist zugleich wie jeder andere Brief, und dennoch unterscheidet er sich von allen anderen Briefen. Er bringt Dir eine gute Botschaft, eine Nachricht, die, wenn wir sie im Licht des Glaubens betrachten – wirklich großartig ist. Gott forderte vor einigen Tagen von uns einen Liebes-, Glaubens- und Dankestribut. Er suchte unsere Familie heim. Dabei schaute er uns alle einen nach dem

anderen an. Dann wählte er für sich den Vollkommensten, den Heiligsten, den Reifsten, den Besten von allen, den, der ihm am nächsten war, unseren geliebten Papa. Lieber Leonardo, Gott hat ihn uns nicht genommen, sondern noch mehr unter uns gelassen. Er hat ihn nicht nur den Freuden unserer Ferien entrissen, sondern noch tiefer in unser aller Erinnerung eingepflanzt. Gott hat Papa nicht unserer Gegenwart entwendet, sondern noch gegenwärtiger werden lassen. Er hat ihn nicht genommen, sondern bei uns gelassen. Papa ist nicht weggegangen, sondern angekommen.«

Leonardo Boff: Kleine Sakramentenlehre. Düsseldorf Patmos [12]1992, S. 27 f

Biblische Texte: Johannes 14, 21

* * *

Bibelstellenregister

Hilfsmittel und Impulse für Predigt, Unterricht und Gruppenarbeit:

Marie-Theres Beeler/Lisianne Enderli

Bilder-Sturm

Dynamische Symbole in feministischer Sicht
Mit schwarzweiss Fotos von Margrit Munter
140 Seiten, Buch des Monats im Publik-Forum
Frauen erschliessen neue Symbol- und Lebenswelten.
(Publik-Forum, Frankfurt)

Lisianne Enderli/Pierre Stutz

Tastend unterwegs

Gottesbilder im Mutterunser – Vaterunser
Illustrationen von Max Rüedi
116 Seiten
Glaubens- und Lebensfragen, die Menschen heute unter den Nägeln brennen.
(Religionsunterricht heute, Mainz)

Pia Gyger

Mensch verbinde Erde und Himmel

Christliche Elemente einer kosmischen Spiritualität
160 Seiten
Eine weltoffene, dynamische Spiritualität, die sich im persönlichen wie gesellschaftlichen und politischen Leben fruchtbar auswirkt.
(Ursula King, University of Bristol)

Walter Ludin

Termine der Stille

Auf dem Weg zu mehr Gelassenheit
Mit Holzschnitten von Robert Wyss, 40 Seiten
Tips, wie man mit der Flut der Informationen umgeht; eine Zitatensammlung, die gekonnt zu einem Text verbunden und voller Weisheit ist.
(Anton Rotzetter, Altdorf)

Christa Peikert-Flaspöhler

Heut singe ich ein anderes Lied

Frauen brechen ihr Schweigen
Illustrationen von Madeleine Marti, 136 Seiten
Die Autorin findet neue Bilder erotischer Freude und Zärtlichkeit, Texte, in denen Selbstbewusstsein und Kraft von Frauen Ausdruck bekommen.
(Frau und Mutter, Düsseldorf)

Pierre Stutz/Andreas Benjamin Kilcher

Vom Unbegreiflichen ergriffen

Mystische Lebenserfahrungen
160 Seiten
Faszinierende Begegnungen mit mystischen Menschen, die in die Abgründe ihrer Seele gestiegen sind und dort Gott erfuhren.

Pierre Stutz

Dem Morgen entgegen

Unaufhaltsame Gebete in Stunden der Nacht
Illustrationen von Judith Maria Villiger, 96 Seiten
Der Autor nimmt aus ausgewählten Klagepsalmen immer nur

einige Worte heraus, die er in überraschender Aktualität auf konkrete moderne Probleme wie Gottverlassenheit, Waffengeschäfte oder Drogensucht anwendet.
(Bücherbord, Graz)

Pierre Stutz/Andreas Kilcher

Urvertrauen und Widerstand

Zehn Gebote zur Befreiung
132 Seiten
Wer sich der hermeneutischen Aufgabe stellt und versucht, eine Brücke von uralten Texten zum Heute zu schlagen, dürfte gerne zu diesem Buch greifen.
(Informationen für Religionslehrerinnen und Religionslehrer, Limburg)